History | Modelle | Technik | Umbauten

Triumph
MOTORCYCLES & CUSTOMBIKES

Huber Verlag

Copyright: Huber Verlag GmbH & Co KG, Mannheim

Autoren: Carsten Heil, Katharina Klimpke, Dirk Mangartz

Gesamtherstellung: Huber Verlag GmbH & Co KG, Mannheim

1. Auflage Oktober 2010

Alle Rechte vorbehalten

ISBN 13: 978-3-927896-34-5

www.huber-verlag.de

Eine Erfolgsstory

Der Name Triumph ist untrennbar mit der Motorradgeschichte verbunden, nicht nur weil die englische Manufaktur die zweitälteste produzierende Motorradmarke weltweit ist. Seit 1902 fertigt das Traditionsunternehmen Zweiradträume, Legenden, Klassiker und Schwergewichte. Namen wie Bonneville, Thunderbird, Tiger, Speed Triple und Rocket trommeln gleichermaßen den Sound von Paralleltwin-Nostalgie und Dreizylinder-Neuzeit-Wahnsinn.

Marlon Brando fuhr Triumph, genau wie Clint Eastwood, Steve McQueen sowieso. Auf den Salzseen der Welt gehörten den Triumphs viele Rekorde, und Rennfahrerlegenden wie Bud Akins oder Gene Romero siegten auf Speedway und Dirttrack gleichermaßen. Auch der englische Café Racer-Kult gehört so unverzichtbar zur Marke wie Fish 'n' Chips zum Pub-Besuch.

In den frühen 60ern war Triumph der erfolgreichste Motorradhersteller der Welt. Nach vielen Aufs und Abs begann 1990 die Neuformierung der Marke, die Geschicke wurden ab jetzt von Hinckley aus geleitet. Im Jahr 2010, also 20 Jahre später, ist Triumph als feste Größe des Motorradmarktes nicht mehr wegzudenken.

Dieses Buch erzählt die faszinierende Geschichte der Kultmarke – von Aufstieg, Fall und Neubeginn einer Legende. Es gibt einen umfassenden Überblick über alle Serienmodelle ab 1902, beleuchtet Technik und Modelle von damals bis heute, nimmt Sie mit auf einen Werksrundgang und zeigt nicht zuletzt die spektakulärsten Triumph-Customs. Chopper, Bobber, Café Racer, Streetfighter und Radikal-Umbauten – nichts, was mit einer Triumph nicht möglich wäre.

Inhalt

History
1902 gegründet, in den 60er Jahren die erfolgreichste Motorradmarke der Welt, zehn Jahre später der Abstieg, 1990 der Beginn einer neuen Ära – Die wechselvolle Geschichte einer Motorradlegende 6-17

Serienbikes
Paralleltwins, Dreizylinder, das hubraumstärkste Serienmotorrad der Neuzeit – von 1902 bis heute zeichnet Triumph für zahllose Modelle verantwortlich: Eine Übersicht über die komplette Jahrhundert-Range 18-39

Bike-Portraits
Traditionelle Chopper, knochenharte Oldschooler, edle Café Racer, moderne Sportbikes und Rockets. 30 umgebaute Triumphs, einzigartig und individuell 40-111

Short Cuts
Kurz und kompakt: Alles, was mit einer Triumph möglich ist, egal ob Pre-Unit-Motor oder Speed Triple-Hooligan, Bobber oder Streetfighter 112-127

Technik
Wartung, Reperaturen, Pflege: Sowohl alter Paralletwin als auch moderner Zweizylinder brauchen hier und da Hilfe. Ein Technik-Check 128-135

Werksbesuch
20 Jahre nach der Neuformierung der Marke Triumph in Hinckley, gedeiht der Standort prächtig. Ein Rundgang durch die heiligen Produktionshallen 136-139

Bike-Portraits

Intro: Triumph-Customs	40
Bonneville T 120: British Beef	42
Thunderbird 6 T: Streetsurfer	44
Tiger 500: Just do Anything	46
Tiger: Black Ace	50
Bonneville T 120 R: Classic Chopper	52
Thunderbird 6 T: Flying Thunderbird	54
Tiger: Brave Sau	56
T 110: United Pre-Unit	58
T 100 Tiger: Sauna-Syndrom	62
TR 6 R: The Actors Bike	64
TR 6: Lupenrein	68
T 140 V: Alter Traum	70
T 120: Re-flex-tion	72
Trophy 900: Low Trophy	76
Thunderbird Sport: Schräger Vogel	78
Thunderbird Sport: Starrallüren	82
Bonneville: Clubman	84
Bonneville: Projekt Cutdown	86
Bonneville: Strickmuster	88
Scrambler: Flat Tracker	90
Thruxton: Play Rock 'n' Roll	92
Bonneville Black: Independent Bobber	94
America: Captain Britannia	98
Speed Triple: Husarenstück	100
Sprint 900: Nummero Tre	102
Speed Triple: Kriminal Tango	104
Speed Triple: Selbstzünder	106
RS Rocket III: Jumbo-Jet	108
Thunderbird: Wire Wheels	110

Aufstieg, Fall und Neubeginn

Die wechselvolle Geschichte von Triumph Motorcycles

Zweitälteste produzierende Motorradmarke der Welt, gemeinsame Wurzeln in Deutschland und England, Marktführer, Rüstungsbetrieb, Rennsieger und wiederauferstandene Traditionsmarke – der britische Motorradhersteller Triumph verleitet zu vielerlei Assoziationen. Im Laufe seiner über 100 jährigen Geschichte hat der Konzern Höhen und Tiefen durchlebt, Erfolge gefeiert und Niederlagen weggesteckt, bis er dann 1991 einen furiosen Neustart hinlegte und im neuen Jahrtausend wieder prächtig dasteht. Doch wie hatte eigentlich alles begonnen? Was führte zum kometenhaften Aufstieg der englischen Motorradindustrie? Und warum verblasste all der Glanz in den Siebziger Jahren?

Als der Nürnberger Kaufmann Siegfried Bettmann Ende des 19ten Jahrhunderts nach England emigriert, arbeitet er zunächst bei der Nähmaschinen-Fabrik „White Sewing Machine Company" als Übersetzer. Schnell bemerkt er die Begeisterung der Briten für Fahrräder und gründet 1884 die Firma „S. Bettmann & Co" in Coventry, einer 300.000 Einwohner großen Industriestadt in den West Midlands, die sich schnell zum Zentrum der Fahrrad- und Motorindustrie entwickeln sollte. Er verkauft und exportiert Fahrräder der Marke „William Andrews" aus Birmingham unter eigenem Label. Bereits fünf Jahre später beginnt er mit der Fertigung eigener Drahtesel. Bettmann gibt seinen Velos den international verständlichen Markennamen Triumph, weil er schon früh den Export ins übrige Europa und in die britischen Kolonien im Auge hat. 1896 eröffnet der mittlerweile erfolgreiche Fahrradfabrikant in seiner Heimatstadt Nürnberg eine Tochtergesellschaft, die „Deutsche Triumph-Fahrrad-Werke AG", aus der später die vom Stammwerk in England unabhängige Triumph Werke Aktiengesellschaft, Nürnberg hervorgeht.

Erfolg mit Motorkraft

Bettmann ist fasziniert von motorisierten Fahrrädern. Nachdem der Import von Hildebrand & Wolfmüller-Motorrädern nach England nicht zustande kommt, entscheidet sich der rastlose Geschäftsmann zum Bau eigener Gefährte. Unter der Leitung des aus Nürnberg stammenden Konstrukteurs Maurice Johann Schulte startet bei Triumph in England 1902 die Fertigung des ersten Motorrads, der No 1. Schulte hat einen 2,25 PS-Einzylinder von Minerva aus Belgien in einen verstärkten Fahrradrahmen gebaut. Bis 1905 verwendet der Ingenieur Einbaumotoren von Minerva, Fafnir aus Deutschland und einheimische JAP-Einzylinder, bis dann mit einem drei PS starken 363 ccm-Einzylinder-Viertakter der erste eigene Motor entsteht. Von diesem Modell lassen sich im ersten Jahr immerhin 250 Stück absetzen.

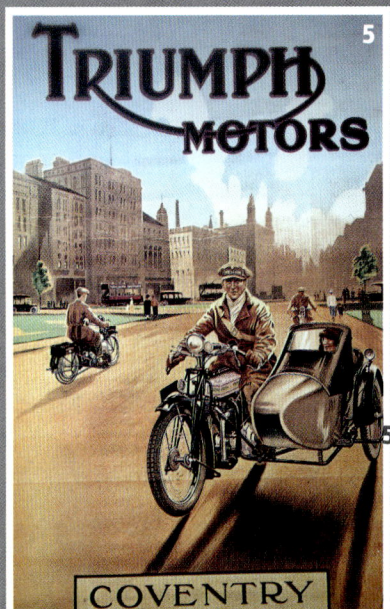

1. Der deutsche Geschäftsmann Siegfried Bettmann gründete 1884 ein Fahrradgeschäft in Coventry
2. Ingenieur Maurice Johann Schulte entwickelte für Bettmann ab 1902 die ersten motorisierten Zweiräder
3. Anzeige für die Triumph 2,5 HP von 1906
4. Val Page übernahm in den 30er Jahren die Leitung der Konstruktionsabteilung
5. Frühe Printwerbung

Auch in Nürnberg wird mit der Herstellung eigener Motorräder begonnen. Für die eigenständigen Ein- und V-Zweizylinder-Gefährte verwendet der deutsche Ableger ebenfalls Einbaumotoren, zum Teil aus der englischen Triumph-Palette. Anders als in Deutschland, wo die Motorradverkäufe eher verhalten dahin plätschern, steigt das britische Stammwerk schnell zum Marktführer der Motorradbranche auf. Auch macht sich die Marke Rennerfolge zu Nutze. Da die englische Regierung Motorradrennen auf nicht permanenten Rennstrecken verbietet und das Reglement zudem das Gewicht von Fahrer und Motorrad beschränkt, etabliert sich ab 1907 ein Rundstreckenrennen auf der Isle of Man. Die Insel hat eine Sonderstellung im Britischen Reich und muss daher das Verbot nicht beachten. Bereits bei der ersten Tourist Trophy am 28. Mai 1907 belegt Triumph die Plätze zwei und drei, 1908 holt Jack Marshall den ersten TT-Sieg für die Marke aus Co-

Das robuste Model H erwirbt sich an der Front den Namen „The Trusty" – die Zuverlässige

ventry. Alle acht Triumph-Rennmotorräder erreichen das Ziel, was den Produkten der Marke den Ruf höchster Zuverlässigkeit einbringt. Zu dieser Reputation trägt auch die Fernfahrt von Mr. Ivan Hart-Davies 1911 bei. Der zähe Engländer legt die fast 1500 Kilometer lange Strecke von Land's End nach John O'Groats auf nicht asphaltierten Straßen und ohne nennenswerte Federung in 29 Stunden und 12 Minuten mit einem Schnitt von rund 50 km/h zurück.

Neben den hubraumstarken Viertaktern präsentiert die Triumph Cycle Company 1913 ein preiswertes Kleinmotorrad mit 98 ccm-Zweitaktmotor, was ebenfalls zum Erfolg der Marke beiträgt. Nach dem Ausbruch des Ersten Weltkrieges ordert die britische Armee mehr als 30.000 Model H-Motorräder. Beim Einsatz an der Front erwirbt sich das stabile Model H den Spitznamen „The Trusty", die Zuverlässige. Nach dem Krieg sind im Werk Coventry 3.000 Mitarbeiter beschäftigt, die wöchentlich gut 1.000 Motorräder mit 98 bis 500 ccm fertigen. Als Bettmann 1919 plant, die Produktpalette weiter auszuweiten, verlässt Schulte seinen Arbeitgeber im Streit – und beendet damit die erste Phase der Triumph-Geschichte.

Auf Basis des Model H entwickelt Harry Ricardo 1922 den ersten Vierventiler der Marke, das sportliche Model R. 1924 kommt ein neues 500 ccm ohv Zweiventil-Modell dazu, das

1. Chefingenieur Edward Turner an seinem Arbeitsplatz – noch bei Ariel
2. Blick in die Fertigungshallen bei Triumph 1939
3. Bert Hopwood, Edward Turner und Val Page (v.l.n.r.): Urheber vieler erfolgreicher Modelle der Marke
4. Ein Meilenstein in der Geschichte des Motorrads ist der Parallel-Zweizylinder der Speed Twin von 1937

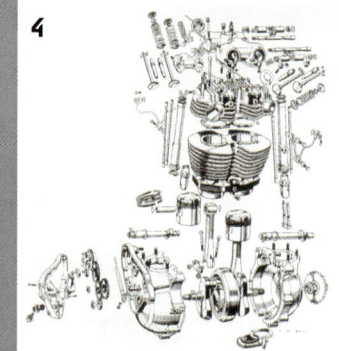

5. Isle of Man 1934: In der 500 ccm-Senior-Klasse trat Triumph mit einer Werksmannschaft an. Im Sattel: Jock West
6. Im Krieg wurde die Fabrik in Coventry völlig zerstört. Blick auf das neue Werksgelände in Meriden 1942
7. Im Zweiten Weltkrieg fertigte Triumph fast 50.000 Militärmotorräder

der Rennfahrer Victor Horseman entwickelt hat. 1927 umfasst die Palette bei Triumph bereits acht Motorrad-Typen, wird jedoch ein Jahr später zugunsten der Automobil-Fertigung auf vier Modelle reduziert. Die Verbindung zu Triumph Deutschland besteht noch bis 1929, als beide Unternehmen beschließen, von nun an getrennte Wege zu gehen. Das Nürnberger Werk darf seine Triumph-Maschinen im Ausland von nun an ausschließlich unter dem Namen TWN (Triumph Werke Nürnberg) verkaufen.

Auch die Wege der Auto- und der Motorradsparte von Triumph trennen sich ab 1932. Um die technische Weiterentwicklung der Motorräder kümmert sich nun der ehemalige Ariel Chief Designer Val Page. Er konstruiert 150 ccm-Zweitakter und Viertakt-Motoren mit 250, 350 und 500 ccm. 1936 übernimmt Jack Sangster Triumph und Edward Turner wird Geschäftsführer und Chefingenieur. Genau wie Page kommen beide von Ariel. Turner bereinigt zunächst die Typenvielfalt und behält nur drei Sporttypen – Tiger 70, 80, and 90 – im Programm.

Mit der Speed Twin ganz nach oben

Im Juli 1937 stellt Edward Turner mit der Einführung der Speed Twin die Weichen für die Zukunft der Marke. Die 5 T Speed Twin verfügt über einen leistungsstarken Parallel-Zweizylinder, der über viele Jahre zum Markenzeichen von Triumph werden soll und als Vorbild für andere Motorradhersteller aus Großbritannien dient. Das sportliche Bike mit seinem 500 ccm-Twin leistet 27 PS, erreicht 145 km/h und wird zu einem überwältigenden Erfolg. Doch zunächst verhindert der Ausbruch des Zweiten Weltkrieges höhere Verkaufszahlen. Am 14. November 1940 wird das Werk in Coventry beim Coventry Blitz durch die deutsche Luftwaffe völlig zerstört. In Meriden vor den Toren Coventrys wird die Firma neu aufgebaut. England ist nur unzureichend auf die Versorgung mit technischen Kriegsgeräten vorbereitet. So muss das zivile Modell Tiger 80 mit kleinen Veränderungen in das Militärkrad 3HW verwandelt werden. Dennoch verlassen bis zum Kriegsende 49.700 Militärmotorräder die neue Fertigungsstätte in Meriden. Die Produktion ziviler Maschinen startet erst 1946 wieder.

1942 wechselt Turner nach einem Streit mit Sangster zunächst zu BSA, und Bert Hopwood nimmt seine Stellung bei Triumph ein. Im Oktober 1943 kehrt er jedoch zu Triumph zurück und wird 1944 erneut Chefingenieur und Geschäftsführer. Er legt Hopwoods Pläne zum Bau eines Vierzylinder-Motors mit 700 ccm auf Eis und führt 1947 die ungewöhnliche Federnabe (Sprung Hub) ein, die über ein Federsystem in der Hinterradnabe für gesteigerten Fahrkomfort trotz starrem Rah-

1. Triumph im Film: Clint Eastwood als Arizona-Sheriff in Don Siegels „Coogans großer Bluff" von 1968
2. Steve McQueen 1968 im Streifen „On any Sunday", der die veschiedenen Arten des Motorradsports dokumentiert. Hier das deutsche Filmplakat.
3. „The Wild One" von 1953 mit Marlon Brando wurde nach dem Vorbild der Biker-Ausschreitungen von Hollister gedreht

menheck sorgen soll. Ernie Lyons gewinnt den Manx Grand Prix 1946 mit einer Tiger 100. Das Rennmotorrad ist von Ingenieur Freddie Clarke aufgebaut worden, denn Turner lehnt eine Werksbeteiligung bei Motorradrennen strikt ab. Nachdem er 1948 dem Bau von drei 500 ccm-Twins für die Senior TT zugestimmt hat und diese erfolglos bleiben, fühlt er sich in seiner Meinung bestätigt.

Für 1949 präsentiert Triumph die 6T Thunderbird, deren Zweizylinder-Motor nun über 650 ccm verfügt. Die 160 km/h schnelle Maschine kommt nicht nur in den USA sehr gut an, sondern auch bei Polizei-Dienststellen rund um den Globus.

1951 verkauft Sangster die Marke Triumph an den Konkurrenten BSA und wird in diesem Unternehmen Aufsichtsratmitglied. Innerhalb dieses Konstrukts bleibt Triumph jedoch weitgehend eigenständig. Mit den 150 ccm- und 200 ccm-Modellen Terrier und Tiger Cub erscheinen ab 1953 erstmals seit 1933 wieder Lightweight-Modelle von Triumph. Beide verfügen über einen fortschrittlichen Blockmotor mit Viergang-Getriebe. 1954 folgt mit der T 110 Tiger eine sportliche Variante der 650er Thunderbird mit Aluminium-Zylinderkopf. Ebenfalls in diesem Jahr erhalten die Twins einen Schwingenrahmen mit gefedertem Hinterrad.

Das Goldene Zeitalter der englischen Motorradindustrie

Der erste Blockmotor-Twin (Unit) erscheint 1957 mit der 350 ccm Twenty One 3TA. Unit-Motoren sollen von nun an auch bei den größeren Hubräumen die alten Konstruktionen mit separatem Getriebe ablösen. Die von den Kunden respektlos „Bathtub" (Badewanne) genannte Verblechung des Hinterrades erweist sich jedoch schnell als unpopulär. Wesentlich beliebter wird die nächste Entwicklungsstufe der sportlichen 650er. Nachdem Triumph-Testfahrer Percy Tait mit einem Prototypen mit 128 mph (206 km/h) über den Salzsee von Bonneville rast und Johnny Allen auf seinem Rekordmotorrad neue Bestmarken aufstellt, fällt 1958 die Entscheidung zur Fertigung des Zweivergaser-Modells T 120 Bonneville. Spätestens mit diesem Supersportler ab Werk entwickeln sich die USA als der größte Markt für Triumph-Motorräder. Vor allem die schnellen Zweizylinder erlangen Kult-Status bei sportlichen Motorradfahrern. Für die aufkeimende Jugendbewegung spielen die schnellen Twins eine entscheidende Rolle. Denn um die behäbigen Harleys lassen sich bis zum Erscheinen der KH und Sportster Kreise drehen, und auch die Spitzenmodelle anderer Hersteller erreichen nicht das hervorragende Verhältnis von guten Fahrleistungen und günstigem Kaufpreis. Immer öfter greifen Biker und Rocker zu den Twins aus Coventry, bauen sie zu Bobbern, Café Racern oder später Choppern um. In unzähligen Filmen jener Jahre spielen Triumph-Motorräder die Hauptrolle. Steve McQueen, Marlon Brando oder Clint Eastwood heißen die Protagonisten, „The Wild One", „Gesprengte Ketten" oder „On any Sunday" die Streifen, die Triumph-Bikes unsterblich machen.

In den frühen 1960ern wächst Triumph zum größten Motorradhersteller der Welt heran. Mit dafür verantwortlich sind Sporterfolge auf allen Ebenen. So verdrängt 1966 Buddy Elmore auf Triumph beim berühmten Daytona 200-Rennen erstmals Harley-Davidson vom Thron. Im Jahr darauf wiederholt Gary Nixon den Sieg für die Engländer. Gene Romero mischt mit seinem Twin die amerikanischen Dirttrack-Szene auf, wo bislang ebenfalls Harley-Davidson XR 750 dominieren.

Verpasste Chancen und Niedergang der Kultmarke

Mit dem Bau von rund 46.800 Fahrzeugen im Jahr erreicht die Produktion ihren Höhepunkt im Jahr 1969. Doch bald darauf beginnen die Verkaufszahlen zu fallen. Schon 1967 hat Edward Turner seinen Posten bei BSA aufgegeben und tritt zurück. Schlimmer noch: Japanische Superbikes, allen voran die 67 PS starke Honda CB 750 Four, zeigen überdeutlich, dass man bei Triumph noch immer die halbherzig weiterentwickelte und daher hoffnungslos veraltete Technik der Speed Twin von 1937 verbaut. Gegen vier Zylinder, obenliegende Nockenwelle, Elektrostarter oder Scheibenbremse hat die Marke aus Meriden nichts entgegenzusetzen. Noch immer zählt der Ölfleck unter dem Motor zu den Merkmalen von Triumph-Twins, noch immer muss der Motor per Kicker-Pedal zum Leben erweckt werden und noch immer mag der Langhuber keine hohen Autobahngeschwindigkeiten. Zu spät beginnen sich die Verantwortlichen Gedanken über eine Modernisierung der Modellpalette zu machen. Auch die Entwicklung der neuen Dreizylinder-Generation Trident hilft 1969 nicht mehr, den Abschwung aufzuhalten. Ab 1971 müssen dringend Kosten eingespart werden. Zu diesem Zweck erhalten Triumph- und BSA-Zweizylinder ein einheitliches Fahrgestell, den „Oil in Frame"-Rahmen. Der neue Rahmen, dessen Hauptrohr gleichzeitig als Ölreservoir dient, macht die Triumphs jedoch schwerer, höher, unhandlicher und nicht gerade hübscher. Auch weitere Versuche der Anpassung an moderne Zeiten bleiben ohne Erfolg: Vor allem, weil die Amerikaner mehr Hubraum verlangen, kommt 1973 die T 140V mit 750 ccm und Fünfgang-Getriebe auf den Markt. Die modernen 350 ccm dohc-Zweizylinder-Motorräder Bandit und Fury werden noch kurz vor Aufnahme ins Verkaufsprogramm gestrichen – zu groß ist die Finanznot.

1. Mit der Rekordmaschine auf Basis einer 650 ccm-Triumph erreichte Johnny Allen 1956 in Bonneville stolze 344,395 km/h
2. In Anlehnung an den Rekord erhielt die sportlichste Triumph den Namen „Bonneville"
3: Der Roller Tigress mit 172 ccm-Zweitakt-Single oder 250 ccm-Viertakt-Twin kam 1959
4. Werks-Testfahrer Percy Tait auf einer seriennahen Bonneville

5. 1970 trat die Triumph-Werksmannschaft mit preparierten Trident-Modellen in Daytona an.
6. Rob North-Trident 750 von Percy Tait
7. Gerät ins Stocken: Trident T 150 V-Produktion 1973
8. Streik-Plakate an der besetzten Fabrik in Meriden

Auch die anderen englischen Hersteller kämpfen Anfang der Siebziger ums Überleben. Daher schließt sich der BSA-Konzern mit Norton Villiers zu Norton-Villiers-Triumph (NVT) zusammen. Als NVT am 17. Juli 1973 entscheidet, das Werk in Meriden zu schließen, besetzt die Belegschaft die Fabrik noch am selben Tag. Die Produktion kommt zum Erliegen, 1974 verlassen nur vereinzelte Motorräder die besetzte Fabrik. Im Montagewerk Birmingham Small Heath läuft unter erschwerten Bedingungen – die Produktionsmaschinen befinden sich ja noch im besetzten Werk Meriden – unterdessen die Fertigung der Trident-Modelle an. Erst im November 1974 wird die Besetzung aufgehoben, der Arbeitskampf selbst endet am 6. März 1975. Die Produktion geht unter Führung der Arbeiter als Kooperative weiter. Die „Meriden Workers Cooperative" erhält nach zähem Ringen Staatsgelder als Kredit. So lassen sich immerhin bis zu 1400 Bonnevilles und Tiger-Modelle im Jahr verkaufen. Triumph hat tatsächlich den Sprung in die Achtziger geschafft – ein E-Starter ziert die T 140 E-

Trotz aller Anstrengungen geht der „Meriden Workers Cooperative" 1983 das Geld aus

Modelle ab 1980, die TSS bekommt einen von Weslake entwickelten Vierventil-Zylinderkopf. 1983, trotz aller Anstrengungen wirken die Triumph-Bikes mittlerweile wie Oldtimer, ist die Genossenschaft finanziell am Ende, das Stammwerk in Meriden muss schließen.

Kurz nach dem Abriss der alten Fertigungsstätte und der Versteigerung des Inventars kauft der ursprünglich auf Immobilien spezialisierte Industrielle John Bloor die Triumph-Namensrechte und lässt die gute alte Bonneville 1985 wieder auferstehen. Der Fahrwerksspezialist Les Harris in Devonshire übernimmt die Fertigung der Motorräder. Viele Fahrwerkskomponenten wie Gabel und Bremsen stammen nun aus Italien, verwässern den typisch britischen Charakter der Maschine aber nicht.

Neustart in Hinckley
Bereits 1984 startet John Bloor mit der Entwicklung einer völlig neuen Produktfamilie. Technisch sollen die Triumphs der Neuzeit keine Gemeinsamkeiten mit ihren Vorgängern aufweisen – auch auf zöllige Schrauben und „Plus an Masse"-Elektrik verzichten die Entwickler. 1988 beginnt der Bau einer

1. Den neue Oil-in-Frame-Rahmen verwendete sowohl Triumph als auch BSA für seine Zweizylinder-Modelle
2. Aus Geldmangel nicht realisiert: Der Diana-Motor von 1982 wies moderne Konstruktionsmerkmale wie zwei obenliegende Nockenwellen auf
3. John Bloor erwarb 1983 die Rechte an Triumph und plante den Neuanfang
4. Von 1985 bis 1988 ließ John Bloor zunächst die alte Bonneville bei „Racing Spares" weiter produzieren
5. 1990 war der Prototyp der Daytona mit wassergekühltem 1000 ccm-Vierzylinder fertiggestellt

neuen Motorradfabrik auf der grünen Wiese. In Hinckley, Leicestershire entsteht ein Werk mit 40.000 m² Grundfläche. Erstmals werden die neuen Modelle im Herbst 1990 auf der IFMA in Köln präsentiert. Den Besucher erwarten moderne Motorräder – Trident 750 und 900, Trophy 1000 und 1200 sowie die Daytona 750 und 1000 – deren leistungsstarke Drei- und Vierzylinder-Motoren über zwei obenliegende Nockenwellen verfügen. Um die Produktionskosten zu reduzieren, entstehen alle neuen Triumphs im Baukastensystem. So können identische Komponenten für die gesamte Modellpalette verwendet und verschiedene Typen auf der gleichen Plattform entwickelt werden. 1991 rollen zunächst täglich acht bis zehn Triumphs Trophy 1200 aus der neuen Fabrik.

Das Interesse konzentriert sich von Anfang an vor allem auf die famosen Dreizylinder

Schnell fasst Triumph auf den wichtigsten europäischen Märkten Fuß, 1994 folgt der Aufbau eines Händlernetzes in den USA. 20.000 neue Modelle bringt Triumph jährlich auf dem Markt, wobei sich das Interesse vor allem auf die exotischen Dreizylinder-Modelle konzentriert. Folgerichtig bläst auch in den neu entwickelten Typen – Tiger, Trident Sprint, Speed Triple und Thunderbird – ein Dreizylinder sein rauhes Lied.

Abschied vom Baukasten
Mit steigenden Verkaufszahlen und einer enormen Produktionskapazität muss der Hersteller seine Motorräder nun nicht mehr nur im Baukasten bauen. Der Serien-Streetfighter T509 Speed Triple und das Sportbike Daytona T595 von 1996 zeugen von der neuen Individualität.

Mittlerweile stößt die Auslastung des Werks an ihre Grenzen. In unmittelbarer Nachbarschaft entsteht daher 1999 Factory 2. Auf 36.000 m² richten sich der Hauptsitz sowie die Fertigung ein. Als das ursprüngliche Werk, jetzt Factory 1 genannt, bei einem Brand im März 2002 weitgehend zerstört wird, soll der anschließende Neubau nur noch als Lager und Lackiererei dienen. 2003 wird zudem die erste von drei Fertigungsstätten in Thailand eröffnet, um die schnelle Expansion zu bewältigen. Alle drei Werke befinden sich im Industriegebiet von Chonburi, Factory 3 fertigt Motorrad-Komponenten, in Factory 4 entstehen komplette Motorräder mit Motoren aus England, in Factory 5 werden Motorteile gefertigt.

Mit der 2000 vorgestellten Bonneville taucht Triumph tief in die eigene Vergangenheit ein. Bewusst hatte Triumph beim Neustart 1991 bei den neuen Modellen auf klassische Anleihen verzichtet. Nun aber scheint die Zeit reif zu sein für gut gemachte Retro-Bikes. Zwar unterscheiden sich die technischen Details von alter und neuer Bonneville stark, doch lehnt sich die Optik – auch die des luftgekühlten Parallel-Zweizylinders – stark an die berühmten Vorfahren an. Aus dem Retrobike Bonneville gehen Modelle wie die sportliche Thruxton, T 100, America oder Scrambler hervor.

2004 präsentiert Triumph mit der Rocket III das weltweit größte Serienmotorrad. Ihr längs eingebauter Dreizylinder-Motor mit enormen 2,3 Liter Hubraum leistet 140 PS. Mit der ebenfalls dreizylindrigen Daytona 675 bringt Triumph 2006 einen pfeilschnellen Supersportler auf den Markt, deren Nacktversion Street Triple 2008 folgt. 2010 ergänzen zwei neue Tiger-Großenduros die Palette.

2000 ist die Zeit reif für ein Motorrad im Stil der klassischen Twins

Triumph gelingt abermals der Spagat zwischen der Fertigung individueller, begehrenswerter Nischen-Motorräder und guten Verkäufen. Wie in den goldenen Jahren der Marke spielen Triumph-Motorräder auch im Film wieder tragende Rollen – etwa Tom Cruise auf einer Daytona 955i in Mission: Impossible II. Und auch im Motorsport mischen die Engländer kräftig mit. 2008 holt sich Arne Tode auf einer Daytona 675 den Titel zur IDM (Internationalen Deutschen Motorradmeistschaft), 2009 startet Triumph mit einem werksunterstützenden BE1 Racing-Team in der Supersport-Weltmeisterschaft und veranstaltet seit 2008 den Street-Triple-Cup für den preiswerten Einstieg in den Rennzirkus.

Auch an anderer Stelle kümmert sich die Marke um ihre Anhänger. So finden zum Beispiel alljährlich in Neukirchen am Großvenediger (für Insider: Newchurch) die Tridays statt, das größte Treffen für Fahrer der englischen Bikes mit weit über 20.000 Besuchern. Die Riders Association of Triumph - R.A.T. bringt Triumph-Fahrer zusammen, organisiert Ausfahrten, Treffen und Veranstaltungen.

Voller Zuversicht blickt die sympathische Traditionsmarke also in die Zukunft und wird auch im nächsten Jahrzehnt die Flaggen der ehrwürdigen englischen Motorradindustrie hochhalten. Go all the Way, Triumph.

1. Im Herbst 1990 präsentierte Triumph die ersten Daytonas, Trophys und Tridents mit neuen Drei- und Vierzylinder-Motoren
2. Als Vorläufer der erfolgreichen Hooligan-Bikes aus Hinckley erschien die T 300-Speed Triple 1994
3. Zum 50sten Geburtstag der Bonneville gingen Matt Capri und Alan Cathcart mit ihren Bonneville- und Thruxton-Racern auf den Salzsee

4. Triumph bei der IDM (Internationale Deutschen Meisterschaft)
5. BE Racing-Team bei der Supersport-Weltmeisterschaft
6. Bestseller und Testsieger Daytona 675
7. Triumph baut mit der Rocket III das hubraumstärkste Großserienbike der Welt – hier die Rocket Roadster von 2010

Triumph Motorcycles

Die wichtigsten Triumph-Modelle von 1902 bis heute

Model I

Das erste Triumph-Motorrad entsteht im Jahre 1902. Angetrieben von einem belgischen Minerva-Motor mit 2,25 PS und automatischem Einlassventil verfügt die Ur-Triumph noch über einen simplen Fahrrad-Rahmen. Schon bald werden auch Motoren von JAP verbaut.

Modell: Model I
Baujahr: 1902
Leistung: 2,25 PS
Hubraum: 211 ccm
Bauart: Einzylinder-Viertakt

Model II

1904 treibt ein Einzylinder-Motor des deutschen Herstellers Fafnir mit gesteuerten Ventilen die Triumph an. Noch erfolgt die Kraftübertragung ohne Getriebe direkt auf eine riesige Riemenscheibe am Hinterrad. Gebremst wird ausschließlich über eine kleine Außenbandbremse im Heck.

Modell: Model II
Baujahr: 1904
Leistung: 3 PS
Hubraum: 402 ccm
Bauart: Einzylinder-Viertakt

Model 363

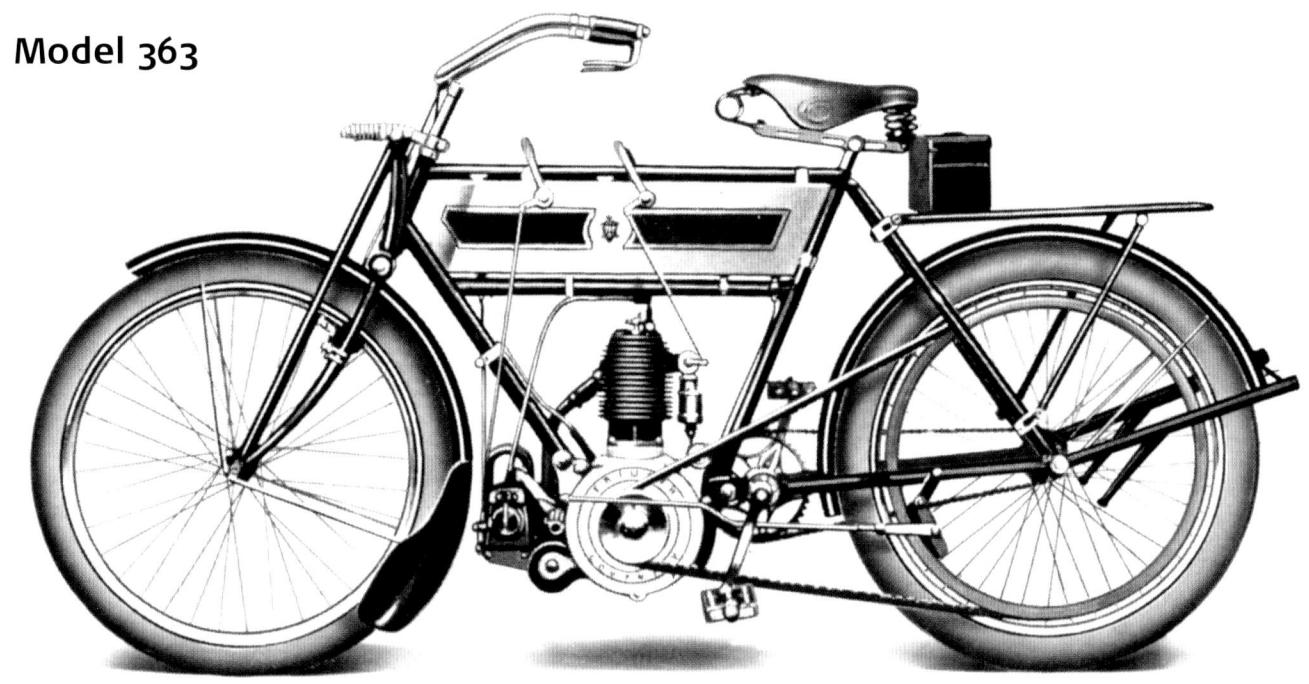

Bereits drei Jahre nach Einstieg im Motorradgeschäft kann Triumph 1905 das erste selbst entwickelte Einzylinder-Motorrad anbieten. Der Viertaktmotor mit 363 ccm leistet satte drei Pferdestärken. Der Motor sitzt da im Rahmen, wo sonst beim Fahrrad die Pedale zu finden sind. Zwar verzichtet man auch weiterhin nicht auf den Notantrieb, doch befinden sich die Tretkurbeln weiter hinten. Der Motorantrieb zum Hinterrad erfolgt direkt über einen Lederriemen. Eine Kupplung oder ein Schaltgetriebe gibt es damals noch nicht.

Modell: 363 | Baujahr: 1905 | Leistung: 3 PS | Hubraum: 363 ccm| Bauart: Einzylinder-Viertakt

Typ A Roadster

1914 laufen bereits 4.000 Einzylinder-Triumphs vom Stapel, davon die meisten vom Typ A. Im Unterschied zum ebenfalls 550 ccm großen, kettengetriebenen Militärmodell Typ H verfügen diese noch über den altmodischen Riemenantrieb zum Hinterrad.

Modell: Typ A Roadster
Baujahr: 1915
Leistung: 4 PS
Hubraum: 550 ccm
Bauart: Einzylinder-Viertakt

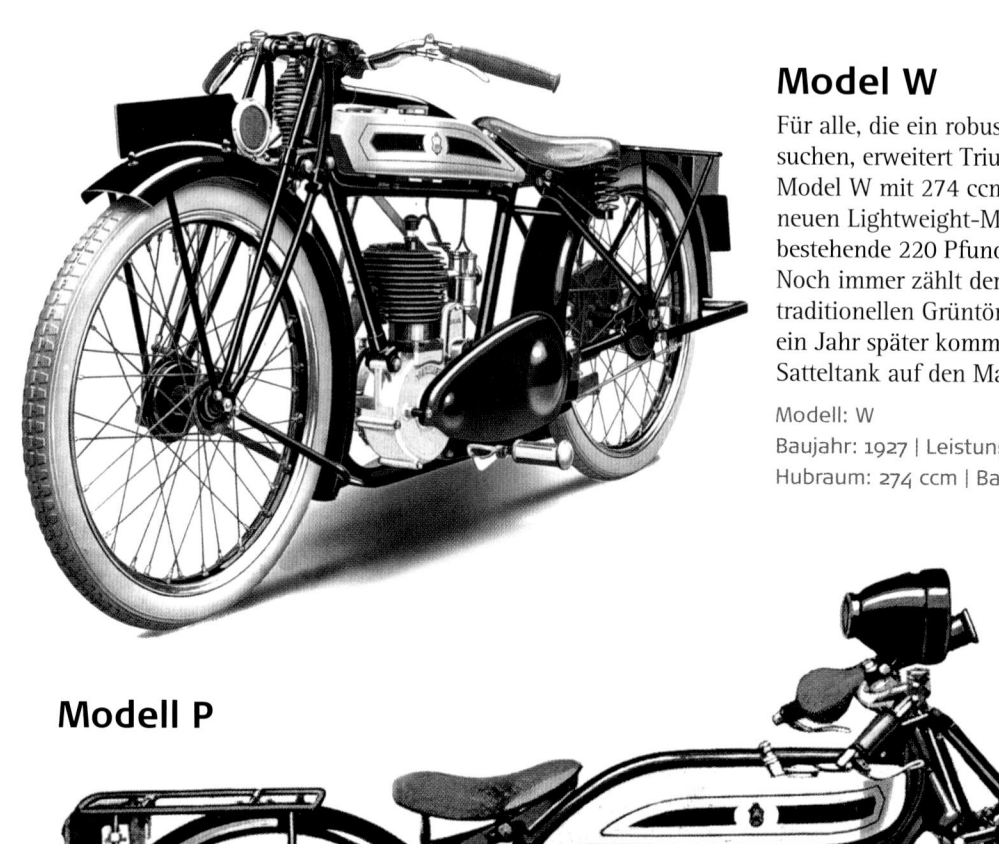

Model W

Für alle, die ein robustes und preiswertes Nutzfahrzeug suchen, erweitert Triumph seine Palette 1927 um das Model W mit 274 ccm Seitenventil-Motor. Mit dem neuen Lightweight-Modell schöpft der Hersteller die bestehende 220 Pfund-Steuerregelung bestmöglich aus. Noch immer zählt der klassische Stecktank in traditionellen Grüntönen zum Triumph-Standard, erst ein Jahr später kommen erste Typen mit dem modischen Satteltank auf den Markt.

Modell: W
Baujahr: 1927 | Leistung: 5 PS
Hubraum: 274 ccm | Bauart: Einzylinder-Viertakt

Modell P

Wie eine Bombe schlägt 1925 das Modell P ein. Der 500er Einzylinder-Viertaktmotor bringt es auf stolze 5 PS. Für 42,75 Pfund Sterling liegt der Preis weit unter allem, was die Konkurrenz anzubieten hat. Die Werbung verspricht beste Triumph-Qualität, doch wird die P zunächst eher wegen ihrer Kinderkrankheiten berühmt. Erst nach gründlichen Überarbeitungen wird der damalige Luxusliner wirklich zuverlässig. Trotzdem schreibt die Maschine Geschichte, im Vorderrad leistet eine Trommelbremse ihre Verzögerungsarbeit.

Modell: P | Baujahr: 1925 | Leistung: 5 PS | Hubraum: 494 ccm | Bauart: Einzylinder-Viertakt

Model CD

Von 1931 bis 1933 bereichert der kräftige ohv-Single Model CD mit schrägstehendem 500 ccm-Motor samt Bowden-Vergaser die Triumph-Palette. Die hochgelegte Auspuffanlage gilt damals als Kennzeichen der Sportmodelle. Der Satteltank hat sich für alle Modelle durchgesetzt.

Modell: CD | Baujahr: 1932 | Leistung: 16 PS | Hubraum: 493 ccm| Bauart: Einzylinder-Viertakt

Tiger 70

Für das Modelljahr 1937 hat Triumph drei Baureihen mit modernen ohv-Einzylindermotoren im Angebot: die 250er Tiger70, die 350er Tiger80 und die 500er Tiger90. Mit der Zahl hinter dem Modellnamen will das Werk die erreichbaren Höchstgeschwindigkeiten in Meilen pro Stunde angeben.

Modell: 250 Tiger70
Baujahr: 1937 | Leistung: 16 PS
Hubraum: 249 ccm
Bauart: Einzylinder-Viertakt

Speed Twin 500

Im Herbst 1937 präsentiert Triumph sein erstes Zweizylinder-Bike mit 500 ccm, die 5T Speed Twin. Mit dem neuen Bike ist Chefentwickler Edward Turner ein Volltreffer gelungen, die Motorenkonstruktion mit dem stehenden Zylinder-Block wird zum Triumph-Markenzeichen schlechthin. Der konstruktive Aufbau des Twins soll sich trotz aller Modifikationen in den nächsten 50 Jahren kaum ändern. Die Triumph 5T wird binnen kurzer Zeit zum Verkaufsschlager.

Modell: 500 5T Speed Twin | Baujahr: 1938 | Leistung: 26 PS | Hubraum: 499 ccm | Bauart: Reihenzweizylinder-Viertakt

Trophy 500

Im Herbst 1948 wird auf der Earls Court Show in London die 500er Triumph TR5 Trophy vorgestellt. Der weiterentwickelte Twin mit neuem Alu-Zylinderkopf leistet beachtliche 25 PS. Die Trophy, eine Vorgängerin heutiger Enduros, wird eine erfolgreiche Wettbewerbsmaschine. Mit der TR5 Trophy kann man während der Woche zum Brötchenholen fahren, am Wochenende aber genauso gut an einer Langstreckenfahrt, einem Clubrennen oder an einem Trial teilnehmen. Mit einem Trockengewicht von 134 Kilogramm ist die 500er ein echtes Leichtgewicht und lässt sich entsprechend lässig um die Ecken treiben.

Modell: 500 TR5 Trophy | Baujahr: 1951 | Leistung: 25 PS
Hubraum: 499 ccm | Bauart: Reihenzweizylinder-Viertakt

Tiger 110

Die Sportversion der Thunderbird mit 650 ccm-Twin erscheint 1954 in Gestalt der Tiger 110. Eine Verdichtung von 8,5:1, beschert dem Paralleltwin in seiner bislang kräftigsten Version beachtliche 42 PS – verglichen mit den 34 der Thunderbird. Das gefederte Hinterrad zählt zur Serienausstattung der Tiger.

Modell: Tiger 110 | Baujahr: 1954 | Leistung: 42 PS
Hubraum: 649 ccm | Bauart: Reihenzweizylinder-Viertakt

Terrier 150

Neben den hubraumstarken Bikes in der 500er und 650er Klasse hat Triumph auch Singles für Leute mit kleinem Geldbeutel im Angebot. Ab 1953 gibt es für Einsteiger das Einzylinder-Bike T15 Terrier mit 150 ccm. Obwohl das kleine Viertakt-Motörchen nur bescheidenen 8,5 Pferde-stärken freisetzt, ist die Terrier recht flott zu bewegen. Schließlich ist die Maschine mit 90 kg ein echtes Leichtgewicht.

Modell: 150 T15 Terrier | Baujahr: 1955 | Leistung: 8,5 PS
Hubraum: 149 ccm | Bauart: Einzylinder-Viertakt

Twenty-One 350

1957 ist das 21. Jahr der Firma »Triumph-Engineering« und der Hubraum der »21er« beträgt exakt 21 cubic-inches Hubraum. Eine echte Sensation der neuen »Twenty-One« ist jedoch das Triebwerk. Motor und Getriebe bilden nämlich jetzt eine Einheit. Diese Konstruktion, die die alte »pre-unit construction«, bei der das Getriebe hinter dem Motor in einem eigenen Gehäuse untergebracht ist, ablösen soll, wird »unit construction« genannt.

Modell: 350 3TA Twenty-One | Baujahr: 1958 | Leistung: 19 PS
Hubraum: 349 ccm | Bauart: Reihenzweizylinder-Viertakt

Tiger 100

Auch in der 500 ccm-Klasse will Triumph ein dynamisches Sportmodell anbieten und präsentiert die drehfreudige T 100 A Tiger100 mit 32 PS. Die „Bathtub – Badewanne" getaufte Blechverkleidung kommt jedoch beim Publikum nicht an. Schon nach kurzer Zeit sehen die sportiven Twins wieder aus wie echte Motorräder.

Modell: 500 T100A Tiger 100 | Baujahr: 1960 | Leistung: 32 PS
Hubraum: 498 ccm | Bauart: Reihenzweizylinder-Viertakt

T 120 Bonneville

Das Jahr 1956 geht in die Geschichte ein. Mit sagenhaften 344,395 km/h rast Johnny Allen mit einer Spezial-Triumph über den Salzsee von Bonneville/USA. Zu Ehren des Weltrekords wird 1958 auf der Motor-Show in London die 650er Triumph T120 Bonneville vorgestellt. Die 46 PS starke »Bonnie« wird im Triumph-Programm zum Topseller und Inbegriff eines englischen Motorrades. Ab 1963 vereint Triumph den Motor und das Getriebe seiner Zweizylinder dann zur „Unit Construction" (Bild unten). Auch das Topmodell Bonneville profitiert von der Modernisierung.

Nach Triumphs Bankrott kauft Les Harris aus Newton Abbot die Fertigungsanlagen. Er fertigt ab 1984 die 750er Bonneville in »alter Form« weiter und kann bis 1987 knapp 1.400 Motorräder herstellen. Dann ist endgültig Schluss.

Modell: 650 T120 Bonneville
Baujahr: 1962
Leistung: 46 PS
Hubraum: 649 ccm
Bauart: Reihenzweizylinder-Viertakt

T 100 C Trophy

Motorräder, mit denen man »auf Teufel komm raus« durchs Gelände pflügen kann, sind in den 60er Jahren in den USA ganz groß in Mode gekommen. Bis man allerdings in der Pampa ist, geht's über Asphaltstraßen. Die Bikes müssen also straßen- und geländetauglich sein. Diese Off-Road-Bikes nennt man Scrambler. Fast jeder namhafter Hersteller hat seinerzeit solche Scrambler im Programm. Bei Triumph ist es die 500er Trophy.

Modell: 500 T100C Trophy
Baujahr: 1969 | Leistung: 32 PS
Hubraum: 490 ccm
Bauart: Reihenzweizylinder-Viertakt

TR 6 R Trophy

1971 geht ein neuer Rahmen für die Twins in Produktion, der das Ölreservoir der Trockensumpfschmierung im Hauptrohr beherbergt – genannt Oil in Frame. Sowohl BSA- als auch Triumph-Modelle teilen sich das identische Fahrgestell.

Modell: TR 6 R Trophy
Baujahr: 1971
Leistung: 42 PS
Hubraum: 649 ccm
Bauart: Reihenzweizylinder-Viertakt

T 150 V Trident

Hektische Modellwechsel oder gar eine Flut von neuen Bikes sind bei Triumph weitgehend unbekannt. Um so überraschender bringt das Werk 1968 die 750er Dreizylinder-Trident auf den Markt. Mit diesem 58 PS starken Superbike will man die aufstrebenden Japaner ausstechen – was nicht wirklich gelingt. Ab 1972 erhält die Trident ein Fünfganggetriebe, und die Modellbezeichnung ändert sich von T150 in T150V. 1974 erscheint die Trident als T160V, bleibt jedoch lediglich eine Saison im Angebot. Die nächste Trident soll erst 16 Jahre später auf die Räder gestellt werden.

Modell: 750 T150V Trident
Baujahr: 1972 | Leistung: 58 PS
Hubraum: 740 ccm | Bauart: Dreizylinder-Viertakt

X75 Hurricane

Eigentlich sollen die BSA Rocket3 und die Triumph Trident in den USA ein Verkaufshit werden. Doch der amerikanische Importeur sieht das 1967 ganz anders. In Eigenregie lässt er den Triple zum Chopper umbauen. Die Briten sind begeistert, und speziell für die US-Kundschaft gibt es 1972 die 750er Triumph »X75 Hurricane«. Lange bevor die Welt vom Softchopper oder Cruiser spicht, wird die X75 so zum Urahnen der heute so beliebten »Easy-Rider«-Modelle.

Modell: 750 X75 Hurricane | Baujahr: 1974 | Leistung: 58 PS
Hubraum: 740 ccm | Bauart: Reihendreizylinder-Viertakt

Trident 900

Auf der Kölner IFMA meldet sich Triumph 1990 mit vollkommen neuen Modellen auf dem internationalen Motorradmarkt zurück. An ruhmreiche Traditionen erinnert die Trident 900 und deren halbverkleidetes Schwester-Modell Sprint. Das Dreizylinder-Triebwerk verfügt über einen eigenständigen Charakter, mächtig Dampf aus dem Keller und das unverwechselbare Flair eines englischen Bikes.

Modell: Trident 900 | Baujahr: 1992 | Leistung: 100 PS
Hubraum: 885 ccm | Bauart: Reihendreizylinder-Viertakt

Daytona 1200

Neben den neuen Reihendreizylinder-Maschinen hat der wiederauferstandene Hersteller nun auch wassergekühlte dohc-Reihenvierzylinder mit 1000 und 1200 ccm im Programm. Die bis zu knapp 150 PS starken, seidig laufenden Vierventil-Aggregate werden im Supersportler Daytona und seinem Touring-Pendant Trophy eingesetzt. Beide Maschinen besitzen ein neu konstruiertes Zentralrohr-Chassis, bei dem der Motor als mittragendes Element dient.

Modell: Daytona 1200 | Baujahr: 1993 | Leistung: 147 PS
Hubraum: 1200 ccm | Bauart: Reihenvierzylinder-Viertakt

Speed Triple 900

In den 60er und 70er Jahren gibt es in England eine berühmt-berüchtigte Café Racer-Szene. Der halbstarken Speed-Fraktion kann es nie schnell genug gehen, illegale Rennen sind Ehrensache. An diese Zeit knüpft die erste Speed Triple an, wenn auch nur symbolisch. Nackt, schwarz, böse und schnell ist sie. Eine zahmere 750er-Version wirbt um die preisbewusste Kundschaft. Doch der ganz große Erfolg kommt erst mit der zweiten Generation.

Modell: Speed Triple 900
Baujahr: 1994 | Leistung: 98 PS | Hubraum: 885 ccm
Bauart: Reihendreizylinder-Viertakt

Triumph Trophy 1200

Modell: Trophy 1200 Four
Baujahr: 1993 | Leistung: 98 PS
Hubraum: 1180 ccm | Bauart:
Reihenvierzylinder-Viertakt

Mit der neuen Trophy präsentiert Triumph 1991 ein zuverlässiges Langstrecken-Tourenmotorrad, mit dem sich selbst weiteste Entfernungen flott und entspannt zurücklegen lassen. Der prima Wetterschutz, die angenehme Sitzposition und der begeisternde 885er Triple mit reichlich Schmalz sorgen für kultivierten Langstreckenkomfort. Dabei lässt sich die 250 kg schwere Trophy, die auch mit einem drehmomentoptimierten 1200er Reihenvierer angeboten wird, erstaunlich leichtfüßig bewegen. 1996 folgt eine neue, weniger sportliche Trophy-Generation (unten).

Triumph Adventurer

Die Adventurer mischt populäres Chopper-Styling mit klassischem Triumph-Design. Mit diesem Modell hat man in Hinckley vor allem den US-Markt im Visier, doch ist die fahraktive Maschine den Amerikanern nicht »fett« genug. Und ob eine Wasserkühlung für die gezähmte Version des neuen 885er-Triples wirklich nötig war? Auf Basis der Adventurer legt Triumph drei weitere Modelle auf: Legend TT, Thunderbird und Thunderbird Sport reizen als eigenständige Interpretationen des selben Themas das Baukastensystem aus. Verschiedene Designs für Räder, Tank, Auspuff, Lenker und Sitzbank sowie angepasste Bremsen und Federelemente sorgen so für aufwandsarme Modellvielfalt.

Modell: Adventurer
Baujahr: 1999 | Leistung: 69 PS | Hubraum: 885 ccm
Bauart: Reihendreizylinder-Viertakt

Tiger 900

Die Tiger der Neuzeit ist weniger eine Enduro als vielmehr ein Sporttourer im Endurostil. Die langen Federwege schützen optimal gegen die Widrigkeiten übelster Straßenverhältnisse, die komfortabel abgestimmten Federelemente sorgen in Verbindung mit dem zweckmäßigen Brückenrohrrahmen für sehr gute Handlingsqualitäten und stabilen Geradeauslauf. Zumal der elastische Dreizylinder druckvoll zur Sache geht. Erst recht als 955i, wie er ab Modelljahr 1999 verbaut wird. Einzig ernsthafte Geländeausflüge scheitern am hohen Gewicht der Maschine.

Modell: Tiger 885 | Baujahr: 1998 | Leistung: 83 PS
Hubraum: 885 ccm | Bauart: Reihendreizylinder-Viertakt

Speed Triple

Mit der zweiten Speed Triple-Generation landet Triumph 1996 einen Volltreffer. Die verwegene Optik und das schlanke, aggressive Styling mit den rustikalen Doppelscheinwerfern geben ihr den ultimativen Streetfighter-Look. Das Fahrwerk stammt von der Daytona – entsprechend sportlich ist das Handling. Für atemberaubenden Vortrieb sorgt zunächst noch der bewährte 885er und erst recht das auf Drehmoment ausgelegte 955er Dreizylinder-Aggregat (ab 2000). Passend dazu werden kraftvoll verzögernden Bremsen gereicht, die auch den anspruchsvolle Sportfahrer zufrieden stellen.

Modell: Speed Triple T509 | Baujahr: 2000 | Leistung: 108 PS
Hubraum: 955 ccm | Bauart: Reihendreizylinder-Viertakt

Daytona 955i

Die Daytona 955i kann als Nachfolgerin der T 595 im heiß umkämpften Markt der hubraumstarken Supersportler mehr als nur eine Duftmarke hinterlassen. Sie überzeugt mit ihrem kraftvollen Motor, dem tadellosen Fahrwerk, der sehr effizienten Bremsanlage und dem stimmigen Design. Die saubere Verarbeitung und schön gemachte Details wie die Alu-Einarmschwinge unterstreichen den exklusiven Charakter der Maschine. 2004 gibt es nochmals eine Modellüberarbeitung, die aber das Aus im Jahre 2006 nicht verhindern kann.

Modell: Daytona 955i | Baujahr: 2000 | Leistung: 128 PS
Hubraum: 955 ccm | Bauart: Reihendreizylinder-Viertakt

Sprint RS

Rechtzeitig zum Jahrtausendwechsel präsentiert Triumph mit der Sprint RS ein sportliches Schwestermodell der sehr erfolgreichen Sprint ST (kleines Bild) mit dem drehmomentoptimierten Dreizylinder aus der Daytona 955i. Die schlanke Halbverkleidung mit den Triumph-typischen Ovalscheinwerfern lässt den Blick frei auf den in schwarz und graphitgrau beschichteten Motor. Der in mattem Schwarz gehaltene Alu-Brückenrahmen sorgt zusammen mit der Leichtmetall-Schwinge für präzises Handling und enorme Stabilität auch bei höchsten Geschwindigkeiten – die RS geht immerhin locker 230 km/h.

Modell: Sprint RS | Baujahr: 2000
Leistung: 105 PS | Hubraum: 955 ccm
Bauart: Reihendreizylinder-Viertakt

Sprint ST

TT 600

Ausgerechnet im hart umkämpften Marktsegment der 600er Supersportklasse wagt Triumph zur Saison 2001 einen Angriff: die TT 600 soll neue Maßstäbe setzen. Was allerdings nicht so recht gelingt: Zwar kann das sauber abgestimmte Fahrwerk vollauf überzeugen, doch das Design erinnert stark an Hondas letzte CBR-Generation und der Motor erreicht nicht das hohe Niveau der Konkurrenz – trotz aufwändiger Technik-Highlights wie Saugrohreinspritzung und Ram-Air-System. Die leistungshungrige Kundschaft beißt nicht an und so wird die Produktion der erfolglosen TT 600 bereits nach zwei Jahren eingestellt.

Modell: TT 600 | Baujahr: 2001
Leistung: 110 PS | Hubraum: 599 ccm
Bauart: Reihenvierzylinder-Viertakt

Bonneville

Der Name ist derselbe und auch das Format – ein drehmomentstarker Zweizylinder, ein handliches Fahrwerk und ein schlankes, klassisches Styling. Mit der Rückkehr der Bonneville erweckt Triumph Optik, Gefühl und Zeitgeist ihres berühmtesten Paralleltwins zur Saison 2001, auf dem aktuellen Stand der Technik, wieder zum Leben. So werden die einstmals kernigen Vibrationen mittels Ausgleichswellen weitgehend eliminiert, die Abgase durch einen Katalysator gereinigt und der Sound – leider – den aktuellen Zulassungsbestimmungen angepasst. Dennoch ist die neue Bonneville eine sehr gelungene Interpretation der eigenen Historie.

Modell: Bonneville | Baujahr: 2001
Leistung: 61 PS | Hubraum: 790 ccm
Bauart: Reihenzweizylinder-Viertakt

America

Die Bonneville America ist ein typischer Cruiser mit lang gestreckter Gabel, niedriger Sitzhöhe und weit nach hinten reichendem Lenker, der primär für den US-Markt konzipiert wurde. Als Antrieb dient das zuverlässige Zweizylinder-Triebwerk der »normalen« Bonneville. Der Zündabstand von 270 Grad (statt 360 Grad) lässt einen satt klingenden Auspuff-Sound durch die beiden stilecht geformte Schalldämpfer entweichen. Das auf dem Tank montierte Cockpit und die luxuriöse Zweifarb-Lackierung sind Reminiszenzen an die Thunderbird-Modelle der 50er Jahre.

Modell: America | Baujahr: 2002
Leistung: 61 PS | Hubraum: 790 ccm
Bauart: Reihenzweizylinder-Viertakt

Bonneville T100

Mit der T100 präsentierte Triumph ein Sondermodell zum hundertjährigen Firmenjubiläum. Gezeichnet nach der zeitlosen Linie der Bonneville, versehen mit sportlichen Doppelinstrumenten zwischen den Gabelholmen, Vollgummi-Pads am zweifarbigen Tank, Motorabdeckungen in glänzendem Chrom – die T100 beweist Liebe zum Detail. Angetrieben vom gleichen Motor wie die bodenständige Bonneville und getragen vom selben, leicht zu handelnden Fahrwerk, bereichert die T100 die populäre Twin-Familie von Triumph und bildet eine weitere, eigenständige Design-Variante.

Modell: T100 | Baujahr: 2003
Leistung: 61 PS| Hubraum: 790 ccm
Bauart: Reihenzweizylinder-Viertakt

Bonneville Special Edition

Ab 2005 kommt ein hubraumstärkerer Motor mit 865 ccm aber weniger Leistung zum Einsatz.

Speedmaster

Mit der Speedmaster bringt Triumph im Jahre 2003 einen weiteren Ableger der neuen Bonneville-Generation auf den Markt. Mit Gussspeichenrädern, einer breiteren Lenkerstange und einer zweiten Bremsscheibe vorn ist sie die sportlichste Bonnie im Triumph-Programm. Optisch unterscheidet sie sich außerdem durch die einteilige Sitzbank und kürzere Kotflügel von ihren Schwester-Modellen.

Modell: Speedmaster | Baujahr: 2003
Leistung: 61 PS | Hubraum: 790 ccm
Bauart: Reihenzweizylinder-Viertakt

Speed Four

Bei ihrer Vorstellung im Frühjahr 2002 erhält die Speed Four weltweite Anerkennung, bevor ein Feuer in den Werkshallen von Hinckley die Produktion zu einem abrupten Halt bringt. Doch bereits da hat sie einen neuen Markt in der 600er Klasse eröffnet. Auf die gleiche Art und Weise wie die große Daytona zur Speed Triple umfunktioniert wurde, kommt die Speed Four als gestrippte Version des Supersportlers TT 600 daher. Dessen Vierzylinder-Reihenmotor wird auf Drehmoment getrimmt und in der Spitzenleistung etwas zurückgenommen.

Modell: Speed Four | Baujahr: 2003
Leistung: 98 PS | Hubraum: 599 ccm
Bauart: Reihenvierzylinder-Viertakt

Thruxton 900

Im Jahr 2004 stellt Triumph mit der Thruxton 900 einen waschechten Café Racer auf die Räder. Der luftgekühlte 790 ccm Paralleltwin der Bonneville wurde auf 865 ccm aufgebohrt, schärfere Nockenwellen, neue Vergaser und Megaphon-Schalldämpfer bescheren mehr Leistung und Drehmoment übers ganze Drehzahlband. Der Thruxton 900-Twin bringt es auf standesgemäße 70 PS bei 7.250 U/min, das maximale Drehmoment von 72 Nm liegt bereits bei 5.750 U/min an. Den sportlichen Look vervollständigen polierte Kurbelgehäusedeckel, ein geteilter Stummellenker und zurückverlegte Fußrasten. Den letzten Schliff verleihen ein verkürzter vorderer Kotflügel und ein klassisch geformter Sitzhöcker.

Modell: Thruxton 900 | Baujahr: 2004
Leistung: 70 PS | Hubraum: 865 ccm
Bauart: Reihenzweizylinder-Viertakt

Daytona 650

Zur Saison 2005 wagt Triumph einen dritten Anlauf, um in der 600er Supersport-Klasse den Japanern auf Augenhöhe zu begegnen. Da dies in Punkto Optik und Fahrwerk bereits bei der 600er Daytona der Fall war, ist der Motor das letzte optimierungsbedürftige Feld. Also unterziehen die Triumph-Ingenieure den flüssigkeitsgekühlten dohc-Vierzylinder mit Vierventiltechnik und Kraftstoffeinspritzung einer gründlichen Revision. Sie verlängern den Hub um 3,1 mm auf 44,5 mm, wodurch der Hubraum um 47 auf 646 ccm wächst. Trotz deutlich satterem Drehmoment ist auch die 650er Daytona kein Bestseller – auch sie hat einfach einen Zylinder zu viel ...

Modell: Daytona 650 | Baujahr: 2005
Leistung: 114 PS | Hubraum: 646 ccm
Bauart: Reihenvierzylinder-Viertakt

Sprint ST

Für 2005 zeigt sich die Sprint ST von Grund auf erneuert. Ihr neuer Dreizylinder-Motor mit 1050 Kubikzentimeter Hubraum und Kraftstoffeinspritzung bietet nun eindrucksvolle 125 PS bei 9.250 U/min bei einem maximalen Drehmoment von 104 Nm, das sich bereits bei 5.000 Umdrehungen einstellt. Mit ausgeklügelten Detaillösungen, wie beispielsweise die in die Rückspiegel integrierten Blinker setzt die ST Akzente. Das Styling zeigt sich ohnehin wie aus einem Guss, so harmonieren der Dreifach-Scheinwerfer vorn und der Triple-Auspuff mit LED-Rücklichteinheit hinten prima miteinander.

Modell: Sprint ST | Baujahr: 2005
Leistung: 125 PS | Hubraum: 1050 ccm
Bauart: Reihendreizylinder-Viertakt

Rocket III Touring

Die Touring-Version der Rocket III begeistert seit 2008 auch Langstreckenfahrer für den potenten Trumm. Rahmen, Räder, Federelemente, Tank, Scheinwerfer, Windschild und Lenker sind speziell für die Touring-Version entwickelt bzw. angepasst worden. Statt gewöhnlicher Fußrasten ruhen die Mauken auf ausladenden Trittbrettern und statt des mächtigen 240er rotiert ein handlingfreundlicher 180er Pneu im Heck. Die Leistung des 2,3 Liter-Aggregats wird zugunsten eines noch fülligeren Drehmomentverlaufs auf 106 PS reduziert. Mit der rasch abnehmbaren Fullsize-Scheibe, den geräumigen Gepäckboxen und dem wartungsarmen Kardanantrieb lässt sich's entspannt und zügig Kilometer fressen.

Modell: Rocket III Touring | Baujahr: 2010 | Leistung: 106 PS | Hubraum: 2294 ccm | Bauart: Reihendreizylinder-Viertakt

Triumph Rocket III

»Die Rocket III ist eine Macht in sich selbst, ein mechanischer Orkan unbeugsamen Metalls«. So preist Triumph seinen Monster-Cruiser selbst an. Den Beweis dafür liefern die imponierenden Eckdaten. Ihr einzigartiger, längs eingebauter dohc-Reihendreizylinder mit Kraftstoffeinspritzung und zwölf Ventilen verfügt über den weltweit größten Hubraum im Großserienmotorradbau: majestätische 2294 ccm – mit riesigen Kolben, wie sie in amerikanischen Zehnzylinder-Musclecars zu finden sind. Die Rocket III produziert ein höheres maximales Drehmoment, als die meisten Serienmotorräder, selbst wenn man zwei zusammen addiert. Volle 200 Nm bei nur 2.500 U/min und bis zu 1,2g (1,2-fache Erdbeschleunigung) sind in Sachen Beschleunigungsvermögen nach wie vor das Maß der Dinge. Zwischen 1.800 und 6.000 U/min stemmt sie stets mehr als 90 Prozent ihres außerordentlichen Maximalwerts auf die Kurbelwelle. Um das mächtige Antriebsaggregat herum wird ein Fahrwerk entwickelt, das mehr kann als die überbordende Leistung nur im Zaum zu halten. Bemerkenswert ist die Ausgewogenheit zwischen Antriebskraft und Kontrollierbarkeit, die das Fahren mit der Rocket III überraschend leichtfüssig macht. Ein massiver Stahl-Zentralrohrrahmen nimmt den Motor auf, der seine Kraft über einen wartungsarmen Kardanantrieb ans mächtige 240/50er Hinterrad überträgt. Wie bei Triumph üblich, erlaubt ein umfangreiches Zubehörprogramm, dieses wahrhaft besondere Motorrad noch ein kleines bisschen auffälliger zu gestalten.

Modell: Rocket III | Baujahr: 2004
Leistung: 140 PS | Hubraum: 2294 ccm
Bauart: Reihendreizylinder-Viertakt

Rocket III Roadster

2010 kommt die Rocket Roadster mit serienmäßigem ABS, weiter hinten platzierter Fußrastenanlage, VDO-Instrumenten und flacherer Sitzbank als Nachfolger der Rocket III auf den Markt. Dank zahlreicher weiterer Modifikationen ist Triumphs Dickschiff fortan eher Musclebike als Cruiser. Die Leistung steigt auf 148 PS, das Drehmoment auf konkurrenzlose 221 Nm bei 2.750 U/min, wobei der Leistungsschub in erster Linie der ebenfalls neuen Auspuffanlage zu verdanken ist.

Modell: Rocket III Roadster | Baujahr: 2010 | Leistung: 148 PS
Hubraum: 2294 ccm| Bauart: Reihendreizylinder-Viertakt

Scrambler

Mit grobstolliger Bereifung und hochgelegter Auspuffanlage mutiert die Bonneville ab 2006 auch zum Scrambler. Taugt nicht wirklich für grobes Gelände, trifft aber optisch voll ins Schwarze. Leider ist sie mit zu viel verchromtem Plastik ausgestattet.

Modell: Scrambler | Baujahr: 2006
Leistung: 58 PS
Hubraum: 865 ccm| Bauart: Reihenzweizylinder-Viertakt

Tiger 1050

2007 kommt die dritte Tiger-Generation der Neuzeit auf den Markt und diese verabschiedete sich endgültig von ernsthafter Geländetauglichkeit. Als logische Konsequenz ist die Maschine ab Werk mit Straßenbereifung ausgerüstet. Mit ihrem potenten Triple und straffem Fahrwerk ist sie auf kurvigen Landstraßen ein extrem scharfer Feger und auf langen Autobahn-Etappen eine Wucht. Nur eine Reise-Enduro ist sie nicht mehr, eher ein hochbeiniger Sporttourer.

Modell: Tiger 1050 | Baujahr: 2007
Leistung: 115 PS | Hubraum: 1.050 ccm
Bauart: Reihendreizylinder-Viertakt

Daytona 675

Warum nicht gleich so? Nachdem sich Triumph mit den Vierzylinder-Modellen TT 600 und Daytona 600/650 ordentlich die Finger verbrannt hatte, macht man mit der 2006 erscheinenden Daytona 675 alles richtig. Rattenscharfe Supersport-Optik, Top-Fahrwerk und endlich klemmt ein feuriger, extrem durchzugsstarker Dreizylinder im Leichtmetall-Brückenrahmen. Mit ihren 125 Pferdestärken ist die kleine Daytona endlich auf Augenhöhe mit den japanischen Supersport-Bikes und betört die Sportgemeinde durch ihren unnachahmlichen Triple-Sound. So gewinnt sie reihenweise Vergleichstests und verkauft sich überaus prächtig, so dass die unglücklichen Vierzylinder-Vorgänger schnell vergessen sind.

Modell: Daytona 675 | Baujahr: 2006
Leistung: 125 PS | Hubraum: 675 ccm
Bauart: Reihendreizylinder-Viertakt

Street Triple

Auch die seit 2008 erhältliche Street Triple profitiert von der Einzigartigkeit des Dreizylinders. Während alle anderen Hersteller in der 600er-Klasse auf Zwei- oder Vierzylinder setzen, besitzt die kleine Schwester der Speed Triple damit ein Alleinstellungsmerkmal, das zu den beachtlichen Verkaufserfolgen beiträgt. Die vierzylindrige Vorgängerin Speed Four steht sich bei den Händlern die Reifen platt, die preiswerte Street Triple wird ihnen hingegen förmlich aus den Händen gerissen. Besonders als edle R-Version ist sie ein leichtfüßiges und präzises Spaßgerät für jeden Tag.

Modell: Street Triple 675 | Baujahr: 2008
Leistung: 106 PS | Hubraum: 675 ccm
Bauart: Reihendreizylinder-Viertakt

Thunderbird

Mit der 1600er Thunderbird stellen die Briten 2010 einen sehr eigenständigen, mit dem weltweit größten Parallel-Twin bestückten Cruiser auf die Räder. In Sachen Leistung und Akustik muss sich der wasser-gekühlte Schlegel nicht hinter den dicken V2-Aggregaten der Konkur-renz verstecken – erst recht nicht mit dem 1700er Big Bore-Kit, welches auf Wunsch werksseitig montiert wird. Dann liegen eindrucksvolle 156 Newtonmeter und knapp 100 PS an. Das konventionelle Fahrwerk funktioniert prächtig, so dass sich der mehr als 300 Kilo schwere Trumm erstaunlich behende dirigieren lässt. Als fette Umbaubasis wird sich der Donnervogel sicherlich noch einige Fans machen ...

Modell: Thunderbird | Baujahr: 2010
Leistung: 85 PS | Hubraum: 1599 ccm
Bauart: Reihenzweizylinder-Viertakt

Sprint GT

Nach knapp 50.000 verkauften Sprint-Modellen erscheint 2010 die vierte Version des Tourensportlers. Größer, stärker, schwerer – aber nicht unbedingt besser als ihre um mehr als 30 Kilo leichtere Vorgängerin. Auch die GT gehört zwar zweifellos zu den besten Langstreckenbikes überhaupt, die beeindruckende Leichtigkeit der alten ST bietet sie jedoch nicht mehr. Angesichts der knapp 270 Kilo Lebendgewicht würde man auch dem ansonsten über jeden Zweifel erhabenen 1050er Dreizylinder ein paar Pferdchen mehr als die vorhandenen 130 gönnen.

Modell: Sprint GT | Baujahr: 2010
Leistung: 130 PS | Hubraum: 1050 ccm
Bauart: Reihendreizylinder-Viertakt

Speed Triple

Nach mehr als 65.000 verkauften Speed Triples seit ihrer Einführung 1994 kommt 2011 eine komplett neue Generation auf die Straße. Vollgetankt 214 kg leicht (und damit 3 kg leichter als die Vorgänger-Version) und angetrieben von der bislang stärksten Version des 1050er Triples mit 135 PS. Rahmen, Fahrwerkskomponenten, Instrumente, Optik – alles ist neu. Wobei vor allem die beiden fünfeckigen Scheinwerfer für Gesprächsstoff sorgen. Vorsorglich bietet Triumph jedoch einen Satz Leuchten im alten Design als Zubehör an. Für sicherheitsbewusste Streetfighter gibt's optional ein ABS.

Modell: Speed Triple 1050 | Baujahr: 2011
Leistung: 135 PS | Hubraum: 1050 ccm
Bauart: Reihendreizylinder, Viertakt

Thunderbird Storm

Mit der Thunderbird Storm bietet Triumph auch eine bös' gepimpte Version des dicken Donnervogels an. Die finster dreinblickenden Doppelscheinwerfer sorgen ebenso wie das reichlich zum Einsatz kommende Schwarz für einen gehörigen Schuss Machismo. Der Chromanteil ist hingegen auf ein Minimum gesunken. Wie es sich für ein Bad Bike gehört, steht die Leistung nicht hinter der brutalen Optik zurück, denn das 1700er Big Bore-Kit kommt hier werksseitig zum Einsatz. Optional kann ein Antiblockiersystem geordert werden. Wie bei der gewöhnlichen Thunderbird-Version sorgt auch bei der Storm ein wartungsarmer Zahnriemen für den Antrieb des Hinterrads.

Modell: Thunderbird Storm | Baujahr: 2011
Leistung: 98 PS | Hubraum: 1699 ccm
Bauart: Reihenzweizylinder-Viertakt

Custombikes

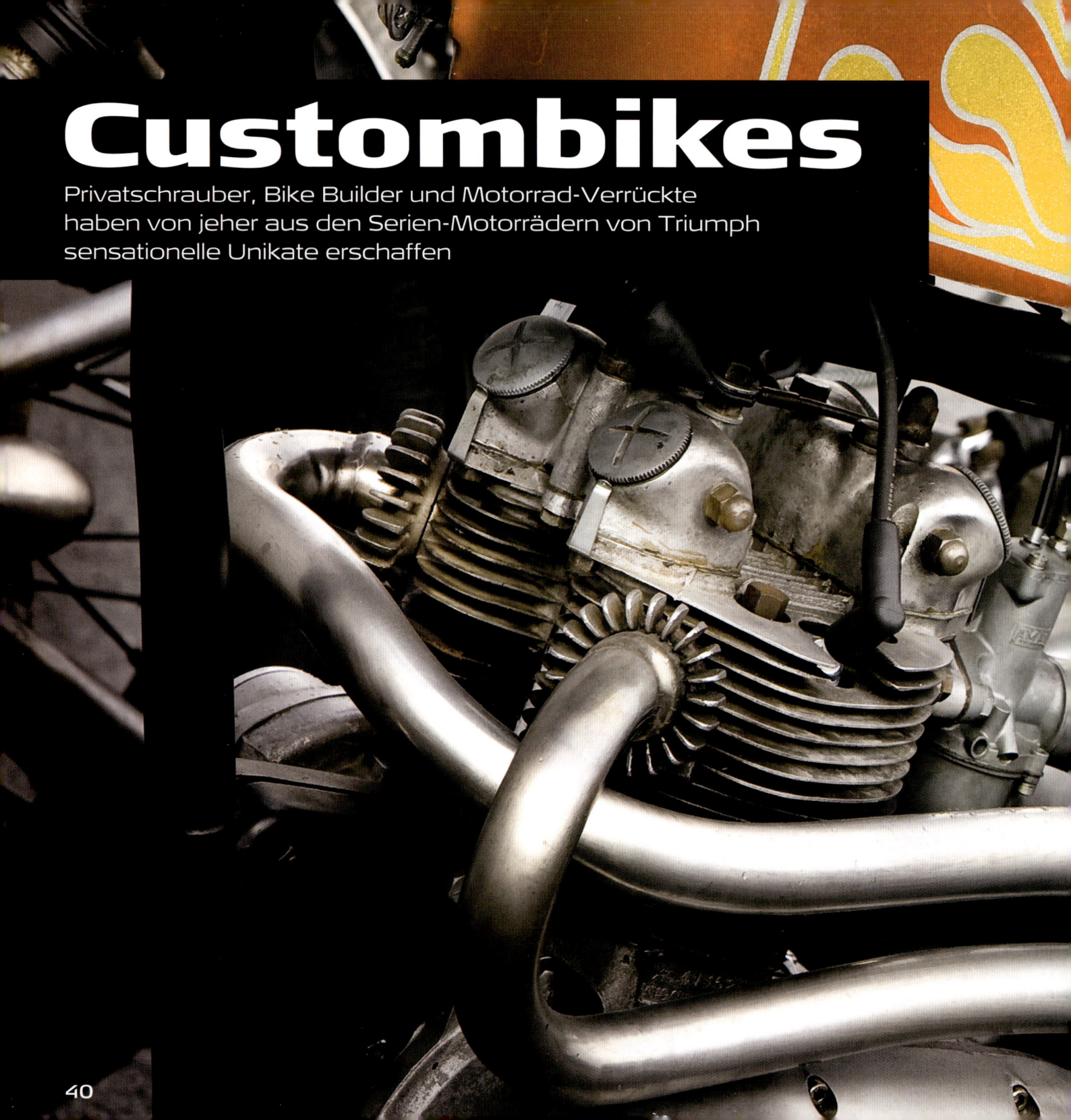

Privatschrauber, Bike Builder und Motorrad-Verrückte haben von jeher aus den Serien-Motorrädern von Triumph sensationelle Unikate erschaffen

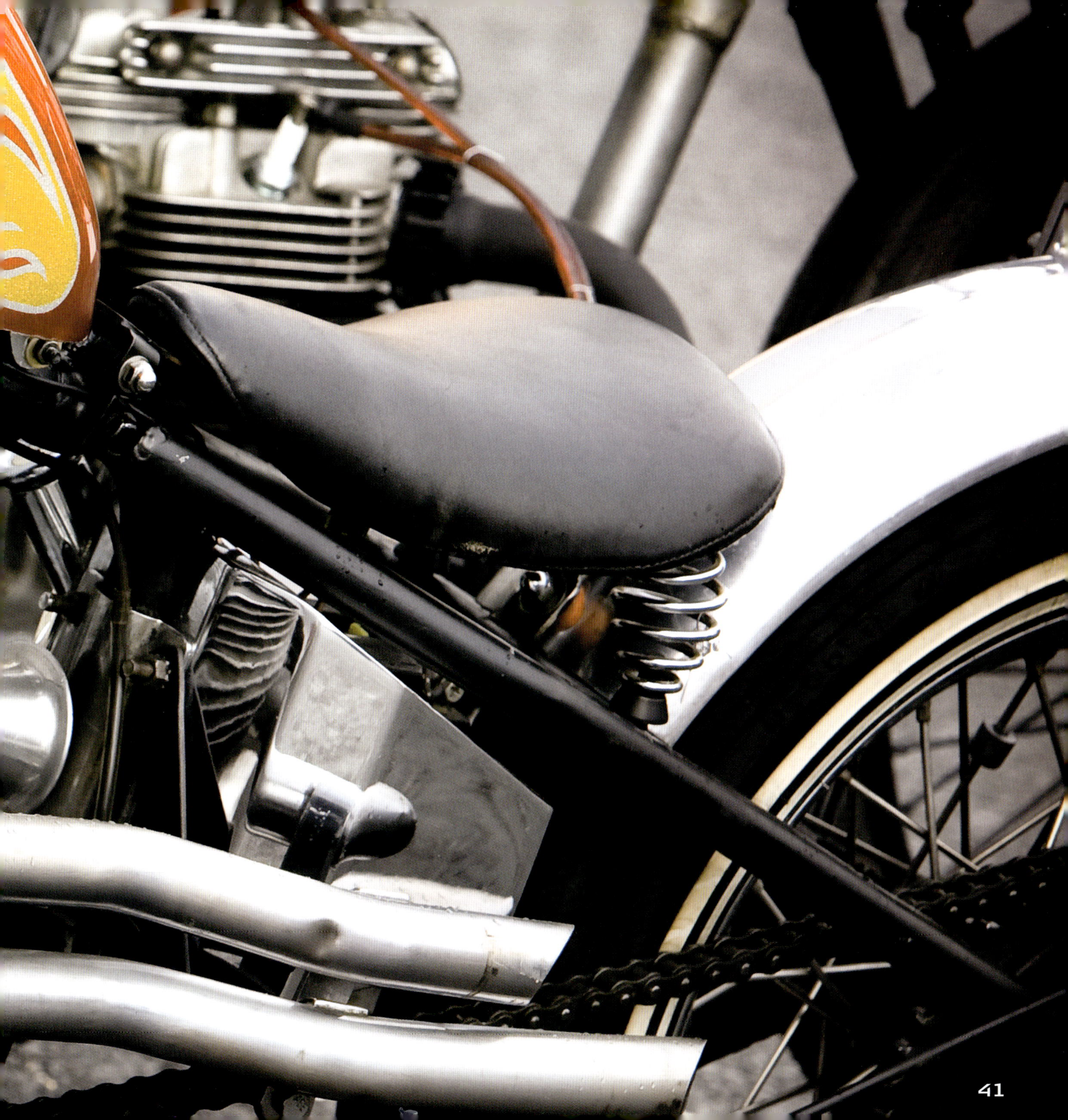

British Beef

In Schweden schwört man auf lange Gabeln, gerne auch mal verbaut an einer mittelalten T 120

Specials

1966er Triumph T 120, Hubraum 649 ccm, Leistung 46 PS bei 6500/min
Specials: Boyer-Elektronik-Zündung, Eigenbau-Einschleifen-Starrrahmen, Webb-Gabel, Dragbar-Lenker, Kawasaki Bremszangen, H-D-Tank, Bates-Scheinwerfer

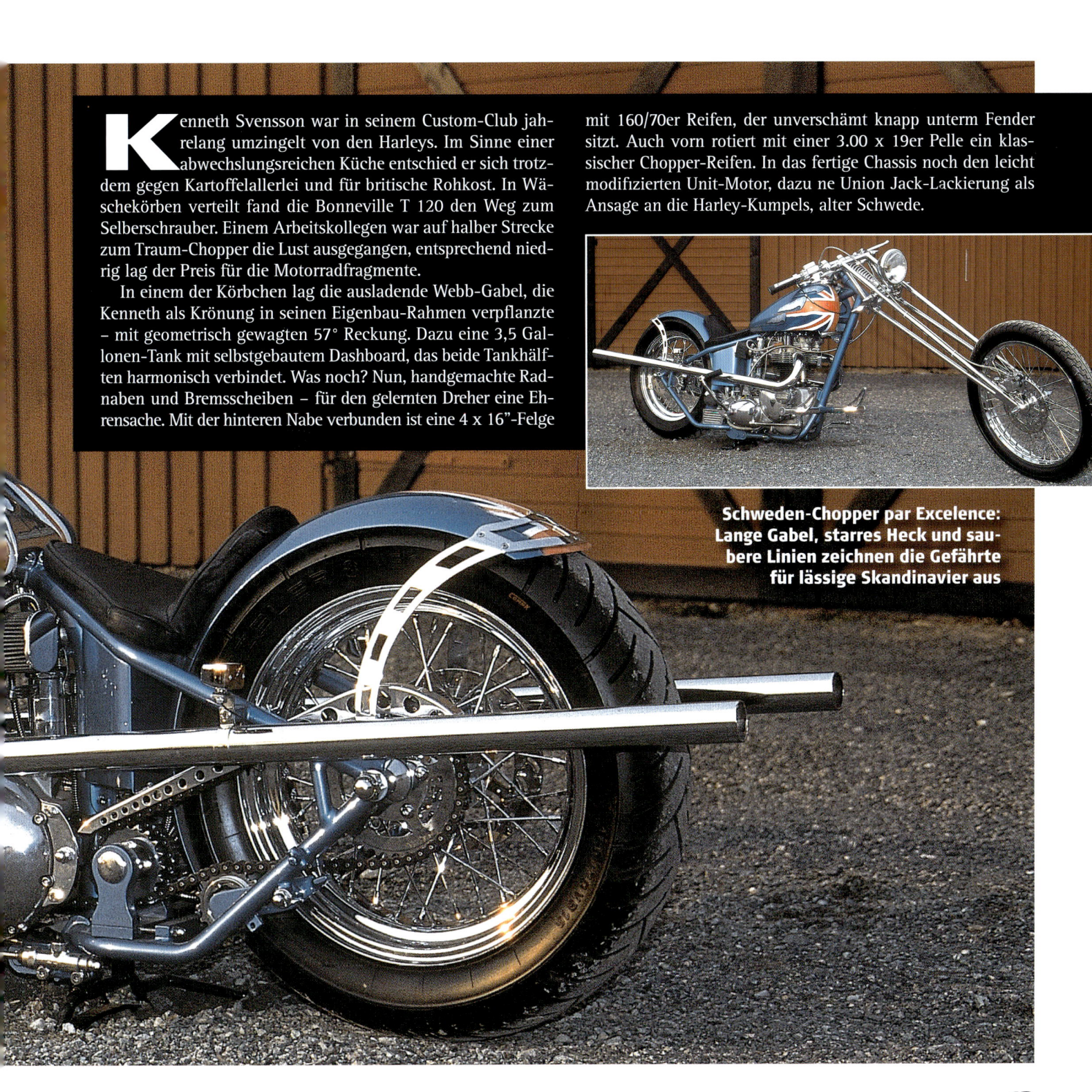

Kenneth Svensson war in seinem Custom-Club jahrelang umzingelt von den Harleys. Im Sinne einer abwechslungsreichen Küche entschied er sich trotzdem gegen Kartoffelallerlei und für britische Rohkost. In Wäschekörben verteilt fand die Bonneville T 120 den Weg zum Selberschrauber. Einem Arbeitskollegen war auf halber Strecke zum Traum-Chopper die Lust ausgegangen, entsprechend niedrig lag der Preis für die Motorradfragmente.

In einem der Körbchen lag die ausladende Webb-Gabel, die Kenneth als Krönung in seinen Eigenbau-Rahmen verpflanzte – mit geometrisch gewagten 57° Reckung. Dazu eine 3,5 Gallonen-Tank mit selbstgebautem Dashboard, das beide Tankhälften harmonisch verbindet. Was noch? Nun, handgemachte Radnaben und Bremsscheiben – für den gelernten Dreher eine Ehrensache. Mit der hinteren Nabe verbunden ist eine 4 x 16"-Felge mit 160/70er Reifen, der unverschämt knapp unterm Fender sitzt. Auch vorn rotiert mit einer 3.00 x 19er Pelle ein klassischer Chopper-Reifen. In das fertige Chassis noch den leicht modifizierten Unit-Motor, dazu ne Union Jack-Lackierung als Ansage an die Harley-Kumpels, alter Schwede.

Schweden-Chopper par Excelence: Lange Gabel, starres Heck und saubere Linien zeichnen die Gefährte für lässige Skandinavier aus

Streetsurfer

Action in harter Brandung oder tragen lassen von einer weichen Welle – Mit diesem knackigen Bike ist alles möglich

Fahrmaschine: Mit kompakten Abmaßen lockt der aufgefrischte Oldie auf die (topfebene) Landstraße

Spartanisch, kompakt, leicht und wendig – die klassischen Motorradtugenden faszinierten Spike seit jeher. Und kaum ein Bike transportiert diese Attribute besser als sein eigenes. Semi-klassische Suzuki-Teile in Kombination mit urzeitlicher Triumph Starrrahmen-Technik lösen diesen fiebrigen Zustand aus, den wir gerne als Customvirus identifizieren.

Beim Umbau gings zunächst an den Motor. Ein 750 ccm-Satz mit Mikuni-Vergasern toppte den originalen Pre Unit-Motor, und ein Primär Beltdrive verband ihn mit dem Getriebe. Breite Gabelbrücken mit Suzuki GS 1000 Stand- und Tauchrohren und dazugehöriger Doppelscheibenbremse verbesserten außerdem Optik und Fahrverhalten. Hinten dagegen bleibts altertümlich. Zumindest verbirgt sich die Triumph-Halbnabe unterm knackig-modernen Fender. Und den Stummellenker spendierte Besitzer Spike seiner Karre trotz, oder vielleicht wegen der vorverlegten Ratsenanlage. Was unstimmig schein, passt doch und verquickt alt und neu zu einem echt amtlichen Hocker.

Specials

1953er 6 T, Hubraum 744 ccm, Leistung 50 PS bei 6900/min
Specials: Motortuning, Mikuni-Vergaser, Ducati-Kupplung, Gabel von Suzuki GS 1000, Bremsen vo. Suzuki-Doppelscheibe, hi. Triumph-Halbnabe, Akront-Alufelgen, Telefix-Lenkerstummel, Trident-Tank, Auspuff, Sitz, Fußrasten und Fender von british engines

Just do Anything

Rebellischer Baremetal-Chopper direkt aus Südkalifornien

Arie van Schyndel hat sich als Filmemacher von Independent-Kultstreifen wie „Two Wheel Terrors" und „Hotrod Havoc" einen Namen gemacht. Er ist außerdem ein Weltenbummler in Sachen Kustom Kulture und Skateboard-Designer, und er fertigt in seiner Custombude in Cosa Mestra Moppedteile wie Griffe, Sitzbänke, Tanks, starre Hecks ... ach eigentlich alles mögliche. Das ist, wofür der Name seiner Firma steht: Just do Anything.

Für den authentischen Arie musste folglich ein ebenso authentisches Bike her. Die Triumph Tiger kaufte er einem Freund ab, riss sie komplett nieder. Einige Dinge schmiss er sofort in die Tonne, andere änderte er nach seinen Vorstellungen, die ein schmales, kurzes Bike vorgaben. Das starre Heck baute Arie aus seinem bevorzugten Werkstoff: Metall. Die schmalen

Reifen finden auf ebenso filigranen Felgen ihre Bestimmung zum Ride unter kalifornischer Sonne. Teile wie die Frontlampe, den Heckfender und die Sitzbank „klaute" er einfach von einem anderen Bike, das noch bei ihm rumgammelte. Den Tank besorgte er sich für wenige Bucks auf einem der zahllosen SoCal-Swapmeets, verschmalerte ihn lediglich für seinen Chopper. Lenker und Z-Griffe bastelte er ebenso genauso selbst. Die Lackierung übernahm ein enger Freund und ebenfalls alter Bekannter in der Kustom-Szene. „Skratch" verpasste der Tiger ihr grünes Psycho-Metalflake-Muster. War noch was, Arie? „Umm, i think, that's it ..."

Specials
1968er Triumph Tiger 500, Hubraum 490 ccm, Leistung 38 PS bei 6.600/min
Specials: Joe Hunt Magneoto-Zündung, 21 inch-Vorderrad, 16 inch-Hinterrad, Tank, Griffe und gekürztes, starres Heck von J.D.A, Lackierung von Skratch

Die reine Lehre: Lediglich Tank und hinterer Fender sind lackiert, der Rest muss ohne dekorativen Farbauftrag auskommen

Ganz wie früher:
Metal Flake-Muster im Stil der Siebziger Jahre

Black Ace

Der Tiger pirscht im schwarzen Wald

Wem die Custombikes des Japaners Shinya Kimura gefallen, dem Gründer von Zero Choppers, der dürfte auch Gefallen an dieser Kreation von Black Ace Customs aus dem süddeutschen Buchheim finden. Vor allem die Front mit der Springer-Gabel, der am unteren Ende der Federn sitzenden Lampe und dem tief angebrachten und zusätzlich nach unten gerichteten Lenker erzeugt diese bekannte Wirkung des sich zum Sprung duckenden Berglöwen. Verzeihung – es ist ja ein Tiger. Und zwar fahrwerksseitig einer von 1951 mit einem rund 20 Jahre jüngeren

Herzen gleichen Namens. Diese Einvergaser-Version des Triumph-Twins aus Meriden ist zwar marginal schwächer und nicht so prestigeträchtig wie die Bonneville, aber etwas pflegeleichter, zumal mit Mikuni-Vergaser. Überhaupt lässt sich an dieser drahtigen Fahrmaschine einmal mehr erkennen, dass Weglassen als das wahre Choppen eine Tugend ist, bei der eben alles Unnötige vom Motorrad einfach entfernt wird, und

Drahtige Fahrmaschine: Mit flachem Lenker und hinten liegenden Fußrasten entwickelt die 650er dynamische Talente

das was übrig bleibt, optisch interessant kombiniert ist. Eine knubbelige Benzinpfütze, ein minimaler Sitz, ein seltenes Ölfässchen für die Trockensumpfschmierung, zwei Dosendeckelbremsen, etwas Schalldämpfung – und fertig ist die Laube. Damit der Fahrerhintern nicht am Reifen schubbert, genügt ein knappes Heckschutzblech, das den Blick auf die Pelle nicht versaut und sich dank des seitlichen Kennzeichens und der beidseitigen kleinen Rücklichter glatt wie ein Kinderpopo rundet. Bei so wenig Fläche ist der Lack fast egal, Hauptsache er ist schwarz. Weiße Griffgummis und Weißwandreifen als Kontrasttupfer. Also nach hartem Tagwerk das dürre Ding vom Seitenständer genommen, ein fester Tritt auf das goldene Kickerpedal, und ab damit zum Kurven-Kung Fu im Schwarzwald, um die auf der anderen Rheinseite untergehende Sonne zu verabschieden. El Paso liegt im Breisgau, oder so.

Specials

1951er Tiger, Hubraum 649 ccm, Leistung 47 PS bei 6500/min
Specials: Sparx-Zündung, Mikuni-Vergaser, 7 Metal West-Öltank, Megaphon-Auspuff, Harley-Davidson Springer-Gabel, Clubman-Lenker, Weißwandreifen

Classic Chopper
Entspannte Ost-West-Beziehung

Es war einmal in Daytona, da standen bei der weltbekannten Bike Week fast nur britische Maschinen vor den Saloons und Biker-Kneipen. Das war Mitte der 1960er, die Japaner waren noch nicht groß raus, und die trägen Harleys überließen die jungen Wilden den Cops. Chopper mit Turners Twin wie dieser waren typisch, seit Marlon Brando auf einer Triumph rebelliert hatte, die ersten Rockerfilme über die Leinwand flimmerten und Stars wie Paul Newman oder Steve McQueen bekennende Markenfans waren. Selbst der patriotische Superheld Evel Knievel sprang mit einer Bonneville über Cesar's Fontaine zu internationaler Bekanntheit. Anders als mit Stuntmen Bud Ekins im Film „Gesprengte Ketten" konnte aber keine Triumph in der Realität über deutschen Stacheldraht springen – den innerdeutschen nämlich. Denn nach Berliner Mauerbau und Kuba-Krise herrschte im Kalten Krieg der real existierende Sozialismus bis in die Garagen der ostdeutschen Motorradverrückten, die es dort natürlich genauso gab, und die von der Staatsmacht ebenso misstrauisch beäugt wurden wie im ach so freien Westen.

Kein halbes Jahrhundert später sieht die Welt ganz anders aus. Zwar erregt ein Triumph-Chopper auf den Straßen Dresdens noch immer Aufsehen – aber keinen innenpolitischen Argwohn mehr. Uwe Sickert hat sich nämlich 2006 seine Motor Visionen erfüllt und diesen klassischen Langgabler auf die MZ-Räder gestellt. In dem modifizierten 1958er Starrrahmen hängt ein knapp zehn Jahre jüngerer Bonneville-Motor, und ganz alte Schule besteht das Custombike überhaupt aus einem Puzzle verschiedener Marken und Modelle. So stammt die Gabel aus einer Suzuki-Enduro, die hintere Bremse vom schwedischen Hersteller Tolle und der Tank von einer Harley Sportster. Viele weitere Teile hat MotorVisionen in der eigenen Werkstatt gefertigt, wo das Gerät auch zusammen gebaut wurde. Bei so viel zeitgenössischer Aura war dann der dritte Platz in der Kategorie „Best Classic" bei der CUSTOMBIKE 2008 in Bad Salzuflen verdienter Lohn.

Specials

1958er T 120 R Bonneville, Hubraum 649 ccm, Leistung 47 PS bei 6700/min
Specials: Suzuki-Gabel, MZ-Räder, Bremse vorn BMW u. Suzuki, Hinterradbremse Tolle, Sportster-Tank; Gabelbrücke, Auspuff, Heckfender, Sitz, Lenker von MotorVisionen

Wilde Mixtur: Gleichdruckvergaser vom deutschen Hersteller Bing (li.) und Hebeleien am Lenkerende (re.), Ritzelbremse (oben)

Flying Thunderbird

**Schon Marlon Brando fuhr in den Fifties eine Thunderbird 6T.
Die vom Magnus aus Schweden ist mindestens genauso lässig**

Die Jünger wünschten sich Anfang der 50er mehr Hubraum, Triumph bediente die Gemeinde mit dem Prestige-Bike Thunderbird. Heute mag mancher darüber schmunzeln, doch Magnus T-Bird ist der beste Beweis, dass der Klassiker es auch auf langen Touren bringen kann. Vorausgesetzt, du stopfst eine gute Portion Gelassenheit mit ins Reisegepäck.

Begonnen hatte beim Umbau dieser Thunderbird alles mit dem Erwerb einer Kiste voller Einzelteile einer 1952er Thunderbird. Mit dabei war ein kompletter starrer Rahmen inklusive gefederter Hinterradnabe. Der wurde allerdings auf die serienmäßige Variante von 1954 umgerüstet. Eigentlich hatte Erbauer Magnus gehofft das Bike einfach wieder zusammen setzen zu können. „Ich dachte es wäre ein Kinderspiel und würde schnell gehen. Am Ende dauerte der Spaß zwei Jahre und kostetete reichlich Arbeit" erzählte uns der Schwede, jedoch nicht ohne Stolz. Eigentlich wollte Magnus die T-Bird im Stil der wilden 60er, inklusive Metalflake-Lackierung und dem ganzen Scheiß aufbauen. Als er jedoch ein paar Ausgaben des Dice-Magazine in die Hände bekam, änderte er seine

Wackelvorrichtung: Die Federnabe im Hinterrad kann zwar keine Stoßdämpfer ersetzen, sorgt aber für ein Minimum an Komfort

Pläne. „Ich hätte nicht gedacht, dass noch so viele Bikes in diesem Stil unterwegs sind. So entschied ich mich für eine düstere Variante. Das Buch „Triumph Racing In America" inspirierte mich enorm.", erklärt Magnus seine Wahl für die optische Umsetzung des Bikes.

Die fehlenden Teile, wie Tank, Sitz und Scheinwerfer kamen durch Besucher diverse Swap Meets in den Besitz des Stockholmers. Das Logo auf dem Tank schnitt er per Laser aus einem Stück Messing. Der Lederriemen ist eine Erinnerung an die Tankbefestigungen alter Rennbikes. Mit Ausnahme der schärferen Nockenwellen ist der 650 ccm-Motor fast original. Auch wenn es heute kaum noch zu glauben ist, in den 50ern war so eine Triumph ein Superbike. Und was für die Fahrer damals

gut war, sollte auch für Magnus reichen. „Ich bin mit meiner T-Bird bis in die Tschechische Republik und zurück gefahren. Alles was ich danach machen musste, war die Kette spannen. Ein Jahr später war ich in Norwegen. Auch die Tour verlief ohne Probleme. Natürlich muss man sich um das Bike kümmern, aber das ist mit allem so, was über 50 Jahre alt ist."

Specials

1952er Thunderbird 6T, Hubraum 649 ccm, Leistung 34 PS bei 5.800/min
Specials: Amal-Monoblock-Vergaser, Lucas Magneto-Zündung, Triumph-Starrrahmen, Räder vorn und hinten 3,25 x 19", vorn und hinten Trommelbremsen, Bates-Sitzbank, Triumph GP-Lenker, Lucas-Rücklicht

Brave Sau

Woodstock, Easy Rider, Mondlandung und Freie Liebe –
die von Bill Dodge aufgebaute Triumph transportiert ein Lebensgefühl
so unverkrampft wie ihren Fahrer

Vor 40 Jahren landeten zwei Amerikaner auf dem Mond. Angereist in einer großen Colabüchse mit einer technischen Ausstattung, die heute kaum zum Betrieb einer Playstation ausreicht. Vor 40 Jahren landete auch dieser Motor, und zwar in Amerika. Er kam aus einer fremden Welt, England, und war Teil einer gigantischen Invasion, die Triumph zum erfolgreichsten Motorradhersteller der Welt gemacht hatte. Das war halt nur ein kurzes Vergnügen, und im weiteren Überlebenskampf hat sich der kleine Geselle mit lediglich 650 ccm heute in einem Rahmen von Bling's Cycles eingenistet. Einen Zweizylinder im Starrrahmen, mögen Skeptiker einwenden, das können Menschen doch niemals schon vor 100 Jahren gebaut haben, wenn diese Technik Stand anno domini 2009 ist. Und Hinterradfederung soll möglich sein? Teufelswerk! Dem stimmt Bill Dodge, der Eigner von Bling's Cycles in Tinton Falls / New Jersey, durchaus zu. Weil er am liebsten alles weg lässt, was zum Motorradfahren nicht unbedingt nötig ist. Denn Bill hat einen Auftrag: Arbeitermotorräder.

Specials
1968er Tiger, Hubraum 649 ccm, Leistung 47 PS bei 7000/min
Specials: Mikuni MC-Vergaser, Bling's Auspuff, Handschaltung, Bling's Starrrahmen, Gabel und Räder HD-FX, vorn keine Bremse, hinten Tokico 6-Kolben, Lampe Bates, Yamaha 125-Tank

Nachdem er seit seinem 16. Lebensjahr an Autos und Motorrädern schraubt und am Ende seiner Karriere bei einem kalifornischen Edel-Customizer gelandet war, beschloss er 2005, diesem industriellen Charakter des Umbauens den Rücken zu kehren. Er wollte nicht mit 100.000 Dollar-Bikes den Reibach machen, sondern einfach sein Ding durchziehen und Böcke bauen, die seine eigenen sein könnten. „Schnelle, funktionale, einfache Huren", wie er sagt. Günstige Alltagsschlampen, die zur Arbeiterklasse passen, und nicht für Hollywood-Stars gestylt werden.

Entsprechend kommt die Dirty Trumpet für Jaime die Straße runter, wie eine Kassiererin im Kleinstadt-Supermarkt. Adrett im hellblauen Kleidchen, ein bisschen in den 1970ern hängen geblieben, sympathisch schlicht. Bescheiden, nicht mit Chrom und Hubraum protzend, aber jederzeit bereit, auszubrechen. Mit ihrem topfitten Herz und der kurzen, derben Aussprache ist sie der richtige Kumpel für eine Kneipentour. Keine Verletzungsgefahr an abstehenden Handhebeln, der Handjob wird zwischen den Beinen erledigt. So 'ne einfach gestrickte 40-Jährige ist das Beste, was ein Biker kriegen kann. Wenn du von ihr absteigst, reibt sie dir den geplagten Rücken mit Franzbranntwein ein. Weiche Federn wären da entgangene Lebensfreude.

Blumenkind: Wie einen schrillen Hippie-VW Bus hat der US-Customizer Bill Dodge seine Tiger aufgebaut

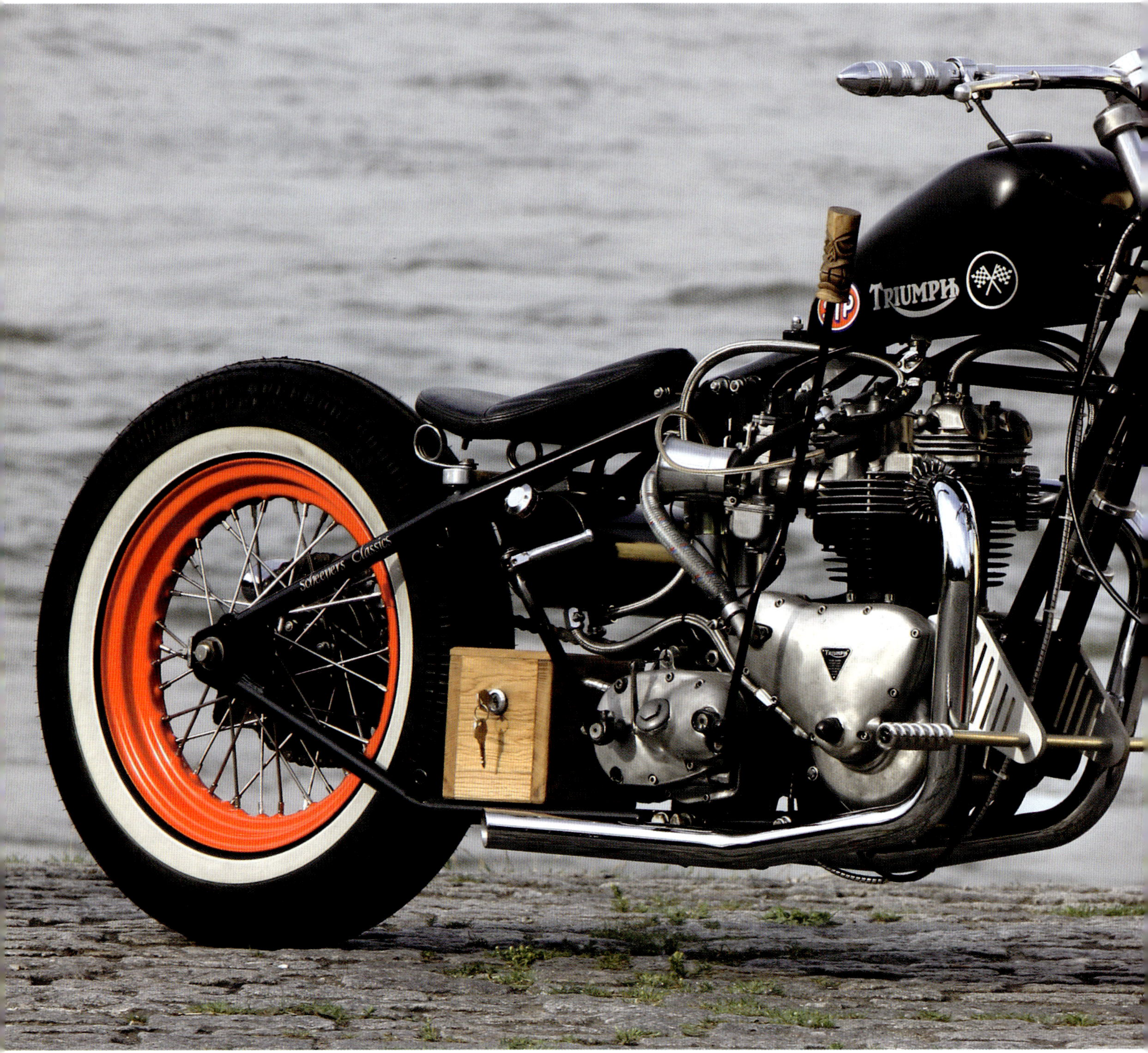
TRIUMPH

United Pre-Unit

Weniger ist oft mehr – vor allem, wenn die Gnade des frühen Baujahrs über Zulassungshürden hilft

Ein nackter Rahmen und ein paar Kartons. Das war alles. Beim Auspacken kam ein Haufen Einzelteile zum Vorschein. Größtes Fragment: der Motor. Das gute Stück wurde als alt-britischer Parallel-Twin der Marke Triumph identifiziert. 650 Kubikzentimeter, separates Getriebe – ein Pre-Unit-Aggregat, Baujahr 1952. Zusammen mit dem dazugehörigen Rahmen ergab das Puzzle ein Krad, das früher mal auf die Typenbezeichnung T 110 hörte. Tja, und dann ergaben sich prompt unverhoffte Überraschungen: Der Rahmen entpuppte sich in Wirklichkeit als Bastard mit T

Vogelhäuschen: Diese kleine Holzkiste vor dem Hinterrad beherbergt die gesamte Bordelektrik

Die Triumph-Fragmente atmen sozusagen den Geist einer sagenhaften Epoche

110-Vorder- und T 100-Hinterteil – denn das arbeitet im Gegensatz zum T 110-Original starr statt gefedert. Sauber hartgelötet als authentischer Umbau ist das aber kein Problem. Und beim weiteren Sezieren der Technik fiel das ungewöhnlich große Zylinderbankett auf. „Morgo" stand drauf. Dabei handelte es sich tatsächlich um ein triumphales Big Bore-Kit mit 763 kubischen Zentimetern und eine auf 9,5:1 gesteigerte Verdichtung (Serie: 8,5:1). Die Triumph-Fragmente atmeten also sozusagen den Geist einer sagenhaften Epoche. Ein Umstand, der sich im Projekt niederschlagen sollte. Hot Rod-Style der wilden 50er, so hieß nun die Marschrichtung. Mit gestrippter Technik, gechopper Optik, gecleanter Linie, schlichter Färbung. Und als Sahnehäubchen besorgte man Weißwandreifen zeitgenössischer Art, relativ üppig dimensioniert und mit authentischem Profil. Natürlich auf Speichen-

Ein Morgo-Big Bore-Kit und Mikuni-Vergaser helfen dem antiken Triebwerk auf die Sprünge

rädern, deren leuchtende Röte als einzig farbliche Betonung des Geräts auffällt. Hinzu kam in Gestalt einer schlichten Holzkiste noch ein optischer Gag, in dem die komplette Elektrik verschwand. Dank des biblischen Baujahrs konnte auf übertriebene Schalldämpfung verzichtet werden – ein Flammrohr-Duo tut's ja schließlich auch.

▶ Specials
1952er Triumph T 110, Hubraum 763 ccm, Leistung 50 PS bei 6500/min
Specials: Morgo Big Bore-Kit, 32er Mikuni-Flachschieber-Vergaser, Zahnriemen Primärtrieb, T 110-Rahmen-Vorderteil und T 100-Heck, Gabel verbreitert, 3 x 16"-Harley-Felgen, Bereifung, vorn und hinten 5.00/16, Tank H-D-Sporty

Sauna Syndrom

In Finnland baut man schon seit geraumer Zeit verrückte Motorräder. Beweis gefällig? Bitteschön. Dies hier war einmal eine normale Triumph Tiger

Deutsche Customizer versuchen normalerweise, ihrem Bike ein möglichst männliches Aussehen zu geben, in Finnland scheint man den umgekehrten Weg zu gehen. Statt das Bike mit Aftermarket-Teilen zu bestücken, ließ Janne seiner Phantasie freien Lauf. Er gestaltete seine Triumph Tiger nach eigenen Vorstellungen und schuf ein einzigartiges Custombike. Mit seiner filigranen Tiger 100 konnte er auf Skandinavischen Bikeshows allen Top-Customizern die Show stehlen.

Begonnen hat der bärtige Nordmann, indem er eine Art Prototyp im gleichen Stil entwickelte: ein kleiner, batteriebetriebener Chopper für seine Tocher Minttu. „Das funktionierte prächtig,

**Keine optische Täuschung:
Sowohl Starrrahmenheck als auch Schwinggabel
begnügen sich mit einarmiger Aufhängung**

deshalb habe ich mich entschlossen, die Einarm-Gabel auch für meine 55er Triumph zu bauen", grinst Janne. So begann er, den Rahmen des Britbikes auseinander zu sägen. Im umgeschweißten Hauptrohr des Rahmens können 1,8 Liter Öl gebunkert werden, die durch eine Öffnung im Benzintank befüllt werden. Das Vorderrad wurde bei einem Metallbetrieb in Jannes Nachbarschaft mit einem Laserschneider gefertigt, alle anderen Edelstahl-Teile entstanden in der eigenen Garage.

Auch die Ausführung der Lackierung kann als einzigartig bezeichnet werden. Einige Teile wie der Ständer, die hintere Trommelbremse und das Kettenrad hat der schräge Finne mit Teer bestrichen und anschließend abgeflämmt. Die restlichen Lackteile hat Janne mit einer Mischung aus 16 Schichten Deck- und Klarlack coloriert. Zwischendurch fügte er der Oberfläche immer wieder Beschädigungen mit Schleifscheiben und Drahtbürsten zu. Als abschließenden Arbeitsgang erhielten die Blechteile ein professionelles Pinstriping von Jussi Ala-Salmi. „Ich kenne niemanden, der diese Methode auch angewendet hat", Janne zeigt auf das merkwürdige, halbtransparente Ergebnis. Als gestalterisches I-Tüpfelchen versah er das Bike mit einem Cadillac-Rücklicht und bestückte den 500 ccm-Twin mit einer Auspuffanlage, die am ehesten mit dem Begriff minimalistisch umschrieben werden kann.

Specials

1955er Triumph T 100 Tiger, Hubraum 490 ccm, Leistung 39 PS bei 7400/min
Specials: Amal Concentric-Vergaser, offene Trichter, Eigenbau-Auspuffanlage, Magnetzündung, Handschaltung, Einschleifen-Rahmen, Eigenbau-Gabel, vorn Finn Power 21"-Rad mit 90/90-21, hinten 15" Speichenrad mit Triumph-Nabe und 145 x 15 Autoreifen, vorn keine Bremse, hinten Triumph-Trommelbremse, Tank, Lenker und Fußrasten Eigenbau, Öltank im Rahmen, Bates-Lampe, Rücklicht Cadillac

Nichts an der finnischen Tiger ist alltäglich: Handschaltung, herzförmiger Benzintank mit integriertem Öltank, Verzicht auf klassische Gabelbrücken und asymmetrisches Pinstriping

Blick in die Kamera: US-Schauspieler Jason Lewis mit seiner aufs Wesentliche reduzierten Triumph TR 6 R

The Actors Bike

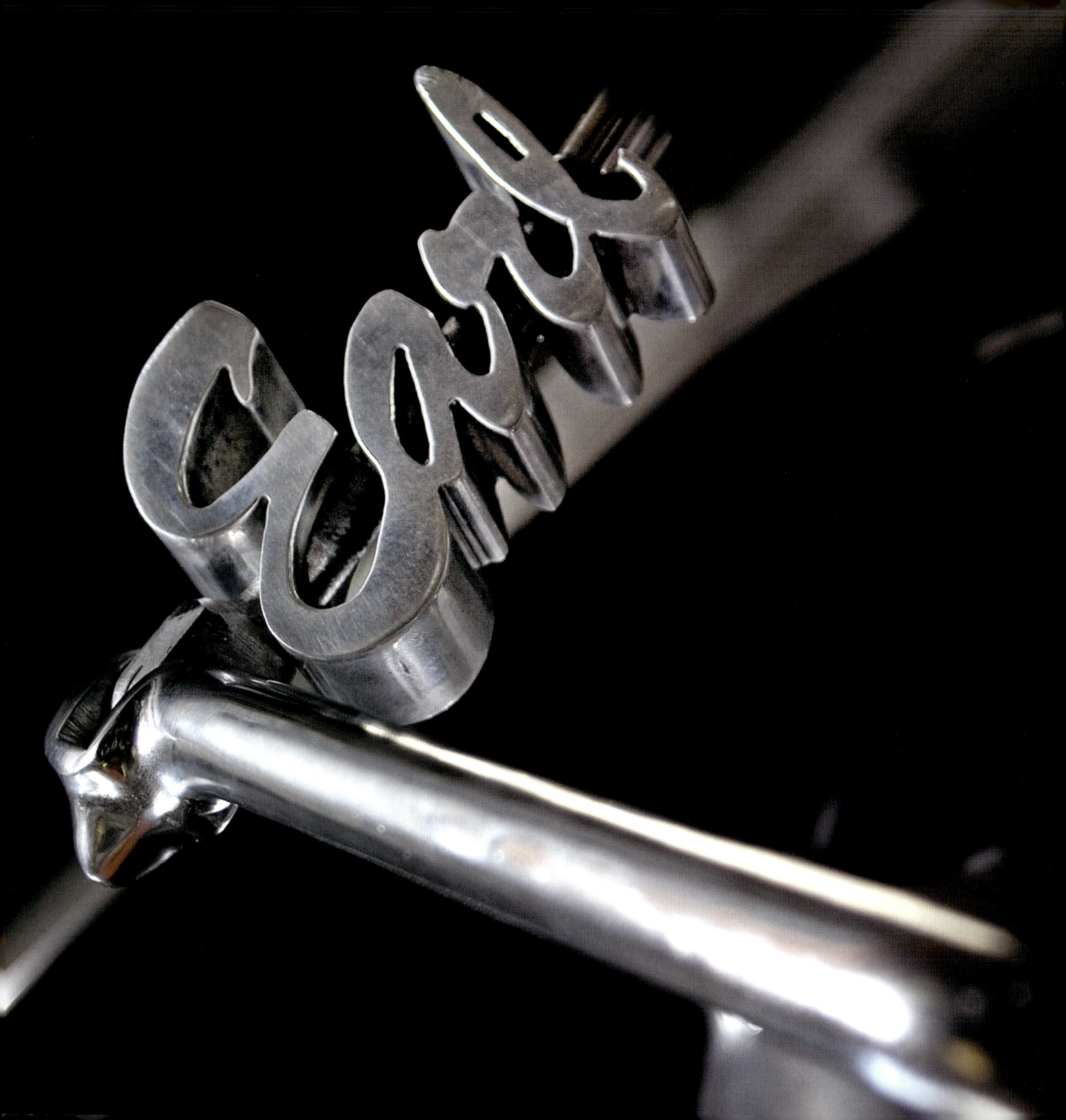

Eines Tages entdeckte Jason Lewis, vielen bekannt als Darsteller bei "Sex and the City," auf einer Bikeshow zwei Bobber des Triumph-Spezialisten Earl Kane. Die beiden Hardtail-Bikes hatte Earl erst kürzlich aufgebaut, doch sahen sie exakt so aus, wie Triumph Bobber in den 50s und 60s eben ausgesehen haben. Reduziert, simple, clean. Sie verneigten sich tief vor der Vergangenheit, empfand Jason. Sofort fasste er den Entschluss, „Cycle Art by Earl" in San Pedro, CA einmal aufzusuchen. „Jason kam mit einem Sixpack und einem Haufen Ideen in meinen Laden", erinnert sich der Schrauber, der bereits im Biker-Epos "The Harbortown Bobber" zu sehen war. Die beiden wurden sich einig, Earl sollte dem Schauspieler eine Zweizylinder-Triumph aufbauen, die historisch korrekt, schmal und reich an interessanten Details werden sollte. „Vintage Original" bezeichnet Earl solche Umbauten. Als Basis besorgte er eine 1967 TR 6 R, einen 1971er Einvergaser-Motor und einen Starrrahmen. Anschließend legte er die außenliegenden Federn einer 60er Jahre-Triumph-Telegabel frei und fertigte einen speziellen Solosattel aus Edelstahl-Blech und Leder an, was dem Bike ein betont mechanisches Aussehen verleiht. Die winzige, 5 AH Gel-Batterie fand ihren Platz unterhalb des Öltanks, alle Kabel verlegte Earl innerhalb der Rahmenrohre. Um das Minimal-Bike nicht mit Anbauteilen zu überfrachten, entschied sich der Süd-Kalifornier, ein winziges LED-Rücklicht zu verbauen und auf Komfortdetails vollständig zu verzichten. Jason jedenfalls zeigte sich von dem Ergebnis überaus beeindruckt, und auch Earl schien der Aufbau Freude gemacht zu haben: „Nothing puts a bigger smile on my face than building a bike".

Specials
1967er Triumph TR 6 R, Hubraum 649 ccm, Leistung 42 PS bei 6600/min
Specials: T 110-Gabel, modifiziert von Cycle Art by Earl, Edelstahl-Sattel von Cycle Art by Earl, Amal 930-Vergaser, Luftfilter Cycle Art by Earl, Bransden-Boyer Elektronik-Zündung

Ganz genau wie damals: „Vintage Original" bezeichnet Bike Builder Earl historisch korrekte Umbauten

Lupenrein

2006 wird ein TR 6 Café Racer überraschender Vizemeister in Europas größtem Motorrad-Umbau-Wettbewerb

„Ich hab doch nur das nötigste dran gemacht.", gab sich Mario, der die Triumph über einen Zeitraum von vier Jahren aufbaute, seinerzeit bescheiden. Gerade eben hatte er die Nachricht bekommen, dass er mit seinem Nischenbike einen hervorragenden zweiten Platz im CUSTOMBIKE Wettbewerb belegt hat.

Mit der TR 6 hatte er sich den langgehegten Traum vom Classic Custom erfüllt: „Dass ich klassische Linien bevorzuge, ist eigentlich schon immer so. Und dass ich mir eine Triumph für den Umbau aussuchte, lag irgendwie auch nahe.", erzählt er, „es sollte einfach definitiv keine Harley werden. Da ist mir der ganze Kult drumherum zu blöd. Die Triumph dagegen erfüllt alles, was ich mir wünsche: Sie ist herrlich nostalgisch, bietet ausreichende Leistung, man kann vieles selbst machen und die Ersatzteilversorgung ist auch in Ordnung."

Der eigentliche Umbau begann schließlich mit dem Zylinderkopf, der Rest kam nach und nach. Als der Mikuni-Vergaser nicht zur Zufriedenheit arbeitete, ersetzte Mario ihn durch zwei klassische Amals. Die Schaltung legte Mario auf die linke Seite um, und besonders stolz ist er auf die Kupplung, deren hydraulischen Ausrückmechanismus er selbst baute, weil er nur das als wirklich authentisch empfand. Nachdem der Motor soweit aufgebaut war, fehlte nur noch ein Rahmen. Für einen Anhänger voll mit alten AWO-Teilen wechselte schließlich der 72er Triumph-Starrrahmen den Besitzer und der Motor bekam eine Heimat. Den kompletten Vorbau des Bikes, also Gabel, Rad und Bremse, entnahm Mario einer Kawasaki ZXR, das Hinterrad spendierte eine Bandit, die er „auch irgendwo herhatte". Der stilechte Alu-Tank harmoniert prächtig mit dem dezenten Heck, die Sitzbank ist ein Eigenbau. Hier noch ein MZ-Teil, da eines einer Yamaha, Ochsenaugen und ein Stummellenker, fertig ist der lupenreine Café Racer.

Specials

1972er TR 6, Hubraum 649 ccm, Leistung 52 PS bei 7000/min
Specials: Megacycle-Nockenwelle, Hepolite-Kolben, Boyer-Zündung, zwei Amal-Vergaser, Norton-Kupplung, Krümmer Eigenbau, Kawasaki-Gabel, Räder vorn Kawasaki ZXR 900, 120/70-17, hinten Suzuki Bandit 150/70-17, Bremsen vorn Kawasaki ZXR 900 Doppelscheibe, hinten Suzuki Bandit 400, Tank WBO Aluminium, Stummellenker

Traditionelles Café Racer-Design mit modernen Zutaten: Gussfelgen und Upside down-Gabel stören die klassischen Linien nicht

Alter Traum

Nach der Wendezeit schwappte eine wahre Fahrzeugflut gen Osten. Und plötzlich wurden auch hier Moppedträume wahr

Lange Zeit wurde im Osten Deutschlands nur das Zweitakt-Einerlei serviert. Ein Engländer-Fan wie Christian litt in diesen Jahren schon gelegentlich an einem großen Appetit nach Gehaltvollerem. Und dann die Wende, und plötzlich waren die Träume Realität und die Töpfe wurden mehr. Eine der ersten Reisen nach dem Mauerfall führte Christian zur Motorrad-Legende Fritz Egli und eine T 140 V in erbärmlichem Zustand in seine kleine Werkstatt am Elbestrand. Bei seinem Café Racer-Umbau entschied er sich dafür, Rahmen und Motor beizubehalten. Mit der aufgearbeiteten Basis im Rücken, folgte das, was jeder angefressene Umbauer mit schmalem Budget kennt: Teilemärkte abklappern, Annoncen lesen, herumtelefonieren, verzweifeln und wieder hoffen. Tank, Sitzbank, Lenker, Auspuff, Fender ... tausend Dinge, die angepasst, umgearbeitet und wieder angepasst werden mussten. Und das Polieren erst, denn stilecht entschied

Right or left – Hauptsache my country: Der berühmte „Knoten" ist eigentlich untypisch (li.). Auf Betreiben des US-Importeurs Joe Berliner wurde der Fußbremshebel rechts angeordnet, der Schalthebel wanderte nach links

sich Christian für das klassische Café Racer-Ornat, vor allem in Sachen Tank: Aluminum. Und am Ende der Reise ist die T 140 der Beweis, dass ein Umbau mit reinen Zubehörteilen keineswegs langweilig sein muss, sondern zum Hingucker auf Britbike-Treffen allemal taugt.

Und zum Thema Café Racer hat sowieso ein anderer schon alles gesagt. Hunter S. Thomson, der es in seinem Werk „The Art of Motorcycling" einst so beschrieb: „Café-racing ist hauptsächlich Geschmacksfrage. Voraussetzung ist eine atavistische Einstellung, jene besondere Mischung aus schlechtem Stil, hoher Geschwindigkeit, nackter Blödheit und maßloser Hingabe an die Szene und ihre gefährlichen Vergnügungen..."

Specials

1974er T 140 V, Hubraum 744 ccm, Leistung 50 PS bei 7.000/min
Specials: Amal 930-Vergaser, Norton-Roadster-Schalldämpfer, Oil in Frame, Hagon-Stoßdämpfer, Girling-Scheibenbremsen, Alu-Tank, Höckersitz, zurückverlegte Fußrastenanlage, Rücklicht und Blinker von Lucas, Tommaselli-Lampenhalter

Re-flex-tion

2009 definierte der Amerikaner Kris Krome eine T120 Bonneville völlig neu

Bei der Weltmeisterschaft der Customizer, die jährlich in den USA statt findet, werden die Grenzen des Machbaren stets neu definiert. Doch wenige Bikes stellten das Grundkonzepts des Motorrads jemals so in Frage wie die „Re-flex-tion", die der Amerikaner Kris Krome 2009 präsentierte. Er setzte die britische Zweizylindertechnik entgegen der seinerzeit vorherrschenden OldSchool-Tendenzen völlig futuristisch.

**Trailerqueen:
Dass Triumph-Twins auch zu lupenreinen
Showbikes taugen belegt die
„Re-Flex-Tion" von Kris Krome**

Komplett zerlegt, leicht getunt und auf absoluten Hochglanz poliert, bietet der T 120-Motor aus einer Triumph Bonneville eine kompakte Kraftquelle. Revolutionär dagegen ist das Fahrwerk: Komplett aus Edelstahl gefertigt, verzichtet das Bike völlig auf Schwinge und Gabel. Einzige Federung bildet die Luft in den großen 23-Zoll Reifen. Der vordere, obere Teil des Rahmens, welcher die Aufgabe der Vorderradführung übernimmt, ist an zwei Drehpunkten aufgehängt: Direkt unter der Sitzstrebe und vorn über der Motoraufhängung. Damit steuert der Fahrer quasi den gesamten Rahmen in die Kurve.

„Wir wollen mit unserem Bike ein paar Denkanstöße geben", erklärt Kris Krome. Die Resonanz des Publikums gibt seiner Kreation recht, er sichert sich den Titel des Vizeweltmeisters.

Specials

2009er T 120 Custombike, Hubraum 649 ccm, Leistung 47 PS bei 6700/min
Specials: zwei Amal-Vergaser, Luftfilter und Auspuff von Kris Krome, Edelstahl-Eigenbau-Rahmen, „Elastamerick" Vorderadaufhängung mit Pivot-Punkten am Rahmen vorn unten und vor der Sitzbank, Räder 3.75 x 23", Bremsen von Jay Brake

Einzige Federung ist die Luft in den 23"-Reifen

Feines Kunsthandwerk:
Sauber verarbeitete Details und ein ausgewogenes Design sicherten dem Showbike den Vize-Titel bei der AMD Custom-Weltmeisterschaft

Low Trophy

Ein Trophy 900-Dreizylinder im Hardtail-Fahrwerk schockt Tradionalisten

Viele Umbauten beginnen mit einem Chrash. Den vollverkleideten Kofferfisch Trophy 900 ereilte dieser auf Schwedens Straßen, außer Motor, Felgen und Bremsanlage blieb nix von dem sportlichen Dreizylinder übrig. „Grade genug.", dachte sich der verwegene Rolle Lundqvist und nahm die Teile beim Besuch eines Händlers, bei dem die Chrashkarre stand, mit. Eigentlich sollte aus dem Triple ein gemäßigter Chopper werden, doch schnell änderten sich die Pläne des Bastlers. Am Schluss steht ein starrer Lowrider vor uns, wie er extremer kaum sein kann. So musste beim Bau des Rigids einerseits der recht große Wasserkühler berücksichtigt werden, andererseits aber auch der Wunsch nach einer langen, schlanken Linie. Gleiches galt beim Stretchen des Tanks. Dazu die Abstimmung des Triples auf Supertrapp-Töpfe und Mikuni-Vergaser. Als Belohnung bollern nun immerhin ein paar mehr PS. Dazu gabs viele Anbauteile, die als Universal-Artikel perfekt passten: Lenker, Lampen, Griffe und Blinker zum Beispiel. Und obendrauf noch ein echtes Stück Schweden-Custom. Die Tolle-Gabel ist ein Meilenstein der Chopper-Historie. Und an einem Schwedenkracher wie diesem nahezu unverzichtbar.

Specials

1996er Trophy 900, Hubraum 885 ccm, Leistung 100 PS bei 9.000/min
Specials: Mikuni BST 36-Vergaser, K&N-Luftfilter, Eigenbau-Krümmer mit Supertrapp-Dämpfer, Eigenbau-Starrrahmen, Tolle-Gabel, CCE-Lenker, Trophy-Räder und Bremsen, 5 Gallonen-Tank, Eigenbau-Fender- und Sattel, CCE-Rücklicht, Zodiac-Instrumente

Ich war ein Sporttourer. Aus den Resten einer Trophy 900 entstand dieser einzigartige New Age Chopper

Drei-in-drei: Die verwegene
Auspuffanlage gibt einen eindeutigen Hinweis auf
die Zylinderzahl der Thunderbird Sport

Schräger Vogel

Asymmetrische Auspuffführung mit Tradition

Mit nostalgischen Elementen in ihrem Design griff die Thunderbird Mitte der 1990er Jahre erstmals die Markenhistorie auf, die man zunächst in Hinckley bewusst ausgeklammert hatte. Ihr sofortiger Erfolg, vor allem in England, währte schließlich länger als geplant, und sie blieb zehn Jahre im Programm. Als Alternative zur derben Speed Triple gab's die Variante Thunderbird Sport sogar noch länger. Eine solche hat Mario Vittinghoff geschickt umgestaltet, denn rückblickend wirkt die Serienversion etwas schwülstig. Allein durch die Reduktion auf eine schlichte Farbgebung in Elfenbein und sportlichem Schwarz würde der Barockengel schon eingedampft, doch hier gab's noch allerlei technische und optische Finessen zusätzlich mit auf den schnellen Weg. So ist das für heutige Verhältnisse etwas schwerfällige Fahrwerk durch Behr-Alufelgen und Modifikationen an Gabel und Schwinge optimiert,

Vertrauter Anblick: Schlichte Rundinstrumente, Rohrlenker und Triumph-Schriftzug. Auch in der Seitenansicht offenbart die Thunderbird Sport ihre Anlehnung an die eigene Markenhistorie

um auch die rund zehnprozentige Leistungssteigerung besser zu meistern. Der Drilling atmet nämlich durch luftigere Vergaser ein und durch eine auffällige Auspuffanlage aus. Ein solch markant asymmetrisches Rohr verlegte US-Designer Greg Vetter anno 1973 an seiner Triumph X-75 Hurricane, und das Zitat steht der Nachfolgerin nicht minder, wobei die Tüten im typischen Campbell-Look schwarz keramikbeschichtet sind. Ein gekürztes Heck mit Höckersitz und der klassische Superbike-Lenker transportieren das sportliche Fahrgefühl der wilden Siebziger Jahre ins Hier und Heute und lassen eine Lücke zwischen zahmem Retrobike und Streetfighter erkennen, wie sie etwa auch die in Europa nicht erhältliche Honda CB 1100 schließen soll.

Wäre bei den Triumph-Verantwortlichen eine Überlegung wert, wieder ein solches Modell zwischen der zweizylindrigen Thruxton und der bösen Speed Triple zu platzieren. Mit einem auf 900 ccm gebrachten Aggregat der Street Triple beispielsweise ließe sich ein ebenso starker wie zeitloser Roadster realisieren, der genauso viele Fans ansprechen könnte, wie die Thunderbird damals. Mario Vittinghoff hat's schon mal gezeigt.

Specials

**2004er Thunderbird Sport, Hubraum 885 ccm,
Leistung 85 PS bei 9300/min**
Specials: Modifizierte Gabel und Schwinge, Vergaseroptimierung, 3-in-3-Auspuff mit keramikbeschichteten Schalldämpfern, gekürztes Heck mit Höckersitz, Behr-Alufelgen mit VA-Speichen, Superbike-Lenker

Starrallüren

Ein Chopper ist seit jeher nur dann richtig tough, wenn das Heck ungefedert ist – funktioniert sogar bei 'ner sportlichen Thunderbird

Vertraute Details mischen sich mit radikalen Chopper-Zutaten

Bis zum Tank wie gewohnt: Wenn das flache Heck nicht wäre, würde man die Ride Inn-Triumph für eine gewöhnliche Thunderbird Sport halten

Beinahe alles an diesem Bike kommt dem Betrachter eigentlich bekannt vor. Tankform, Instrumente, Bremsanlage, selbst die gelb-schwarze Lackierung sind Thunderbird Sport in Reinkultur. Wenn da nicht dieses Heck wäre, das die Sache grundlegend ändert. In dem ungefederten, stockstarren VG-Rahmen walzt ein 190er auf einer sechs Zoll breiten TTS-Felge, dicht darüber der flache Fender und dünn wie Löschpapier der Solosattel. Sensationelle 55 Zentimeter über der Fahrbahn thront der Antreiber. Auch die Gabel steht flacher als gewohnt, verleiht der Dragster-Triumph einen gestreckten Look. Die Erbauer von Ride Inn aus Wilhelmshaven hatten ihre Vorgabe mit Bravour erfüllt. Möglichst viele Serienteile sollten Verwendung finden, trotzdem etwas neues, anderes entstehen. Und so bleibt am Schluss ein Umbau, der verdammt original aussieht, aber ganz weit weg davon ist. Nur die vorverlegten Fußrasten mögen nicht ganz so passend sein. Beim Dragster-Flachmann hätten die auch gerne nach hinten wandern können.

Specials

2002er Thunderbird Sport, Hubraum 885 ccm, Leistung 83 PS bei 8500/min
Specials: 3-in-1 Eigenbau-Sammler, VG-Starrrahmen, Ride Inn-Motorhalter und Gabelbrücken, hinten 6 x 17" TTS-Speichenfelge mit 190/50-17, SOP-Fußrastenanlage, Fehling-Dragbar, Hella-Rücklicht, Fender, Sitzbank und Gepäckträger von Ride Inn

Clubman

Die neue Bonneville-Generation war 2001 gerade erschienen, da standen die ersten Umbauten des Retro-Bikes schon bei den Umbauern

Besonders rührig, wenn es um artgerechte Triumph-Race-Umbauten geht, zeigt sich in Deutschland seit Jahren die Krefelder Manufaktur LSL. Auch als 2001 der lang erwartete Triumphzug der neuen Bonneville begann, zog man sich hier direkt in die Werkstatt zurück.

Die sportlich-britische Sitzposition war schon in den Sechzigern für ergonomische Güte bekannt. Bei LSL wurde diese Tugend wiederbelebt. Trotz aller Bequemlichkeit ist die Haltung kompakt und fördert eine aktive Fahrweise. Mit der etwas breiteren Bereifung ist die Clubman zudem wieselflink und kann zielgenau durch die Kurven gesteuert werden. Dabei hilft auch das mittels Wilbers-Federbeinen und Lenkungsdämpfern aus Krefeld härter und straffer gedämpfte Fahrwerk. Auch die sauber gefräßte, zurückverlegte LSL-Rastenanlage und der Roadster-Lenker tragen eine Menge zum Fünfziger-Jahre-Spirit bei. Dieses Gefühl, gepaart mit moderner, zuverlässiger Motortechnik eines neuen Jahrtausends wird so zur echten Option für all jene, für die ein pflegeintensives Original nicht in Frage kommt.

Specials

2001er Bonneville, Hubraum 790 ccm, Leistung 61 PS bei 7000/min
Specials: kontaktlose Zündanlage, zwei Gleichdruck-Vergaser, U-Kat, LSL-Lenkungsdämpfer, LSL-Lenker, Wilbers-Federbeine, zurückverlegte Rastenanlage von LSL, Lucas-Style Rücklicht

Mit behutsamen Änderungen passte LSL die Bonneville den persönlichen Vorstellungen von einem sportlichen Bike im alten Stil an

In monatelanger Arbeit entstand in Zusammenarbeit mit den das Projekt unterstützenden Lieferanten ein ganz spezielles Bike

Projekt Cutdown

2005 beginnt in der CUSTOMBIKE-Redaktion der Umbau einer neuen Bonneville zum amtlichen Bobtracker

Aus dem Serien-Sondermodell „Black Special" mit schwarzem 800 ccm-Motor reifte im Laufe einiger Monate ein eigenständiges Classic-Bike, das einen Stilmix aus Bobber-Look und Flattrack-Style geschickt zusammenbringt. Bei der Fertigstellung des „Bobtrackers" waren renommierte deutsche Zweirad-Firmen mit ins Boot gestiegen. Ohne die engagierte Mithilfe von LSL und Palatina und ohne die Unterstützung von Fechter Drive, Kellermann, Avon Tyres und nicht zuletzt Pinstriper Tom wäre das Projekt wohl kaum so flockig über die Bühne gegangen.

Nachdem klar war, die Technik des Neubikes unangetastet zu lassen, ging es mit vollem Elan auf die optische Umgestaltung der 800er. Die Speichenfelgen wurden ausgespeicht und rot beschichtet, Lampe und weitere Kleinteile erhielten einen schwarzen Überzug. Passend dazu verwendeten wir einen kaum gekröpften LSL-Lenker sowie ein knappes Sportschutzblech und filigrane Lampenhalter der Krefelder. Für eine kräftige Aussprache sorgt die nach oben verlegte Auspuffanlage von Shark, die Höckersitzbank samt Seitendeckeln gestaltete die Südpfälzer Triumph-Schmiede Palatina. Zugegeben, der „Bobtracker" sieht nicht ganz so dramatisch aus wie Roger Whites TR6, mit der er den Big Bear Run 1958 gewann. Doch die Sitzposition ist verdammt nah dran, an jenem American Way of Drift, bei dem von 1947 bis 1974 das englische Werksteam triumphierte. Nach dem klassischen Startprozedere mit Choke am Vergaser, bei dem sich keine winselnde Benzinpumpe um Fütterung einer elektronischen Einspritzung müht, findet die Stiefelspitze wie von selbst den ersten Gang. Der trockene Schlag aus der Auspuffanlage wird den Vorstellungen gerecht, die man mit einem britischen Twin verbindet. Sanft wird deine untere Nierengegend massiert, wenn der Ton nach dem ersten Drittel des Drehzahlbandes jene Triumph-typische Farbe annimmt, die man in der Serie so schmerzlich vermisst.

Die Einsparung am Gehäusedeckel spart Gewicht und lässt den Blick auf das lackierte Ritzel zu

Specials

2005er Bonneville, Hubraum 790 ccm, Leistung 61 PS bei 7400/min
Specials: Lenker, Scheinwerfer, Schutzblech und mod. Fußrasten von LSL, Sitzbank und Motorgehäusedeckel von Palatina, Kellermann Blinker, Seby Poly Startnummerntafel

Strickmuster

Seit geraumer Zeit flirten die hubraumversessenen Amis auch gerne mal mit Engländerinnen

Im Zuge der Retromode ist es nur logisch, dass die US-Boys wieder britische Bikes für sich entdecken. Modelle wie die Bonneville werden mit den bekannten Stilmitteln gechoppt und gebobbt, wie einst die Amikräder. Und Angesichts dieses schlichten US-Schnittchens ist der fette Brotkasten Trophy 1200 mit seinem wassergekühlten Vierzylinder verziehen, mit dem Triumph 1990 nach sieben Jahren Leblosigkeit Wiederauferstehung feierte. Zwar trägt die aktuelle Bonneville ihren Namen aus einer Schlacht, die ihre Oma auf dem Salzsee gewonnen hat, und sie selbst ist nicht halb so geschwindigkeitsgeil wie die ehrwürdige Lady in jungen Jahren. Aber hey, glaubt jemand ernsthaft, eine Harley Sportster sei ein Sportmotorrad? Na also. Den Amis ist das letztlich sowieso egal, wenn der Hocker bei 55 Meilen pro Stunde nur laut genug ist. Endet der Auspuff kurz hinterm Krümmer, wie an dieser Bonnie von Brett C. Swanke, braucht man vorn auch keine Bremse. Lautes Pfeifen rettet Leben, oder so. Aufgebaut bei Cove Custom Cycles in Edgewater, haben

Die Kunst des Weglassens beherrschen die Amerikaner noch immer. Die richtigen Parts an den richtigen Stellen machen aus dem Serienbike einen veritablen Hingucker

die Jungs aus Florida die 2002 geborene Engländerin hübsch auf alt getrimmt. Mit einer Springer-Gabel von Bare Knuckle Choppers und einem Einzelsitz zwischen Knuckle-Lampe und legendärem Sparto-Rücklicht sind wesentliche Stilelemente einer solchen Zeitmaschine schnell montiert. Fürs gefühlsechte Schalten anno neunzehnhundertpaarundzwanzig sorgt ein Jockey-Shift mit Kupplungshebel. Und Weißwandreifen im 16-zölligen Bobber-Format mit 130er Breite vorn und 190er hinten beamen den Betrachter zurück in frühere Dekaden. Der Tank ist orginal mit dezenten Scallops an der Oberseite, Flatfender und Harley-Beine legen das Heck tiefer. Mehr braucht's nicht.

Denn statt aus einem Motorrad ein Einspurauto á la Harley-Davidson Electra Glide zu züchten, mit Sitzheizung, Kühlbox, Quadrophonie und Satellitennavigation, kann der American Way of Drive auch in die andere Richtung führen: Man lässt einfach alles weg, was nicht nach Motorrad aussieht. Wie sagt doch ein T-Shirt-Spruch so schön: „God rides a Harley? The devil rides Triumph!"

Specials

2002er Bonneville, Hubraum 790 ccm, Leistung 61 PS bei 7300/min
Specials: zwei Gleichdruck Vergaser, Handschaltung mit Jockey-Shift, Bare Knuckle Choppers Springer-Gabel, Flatfender, Sitzbank, Rasten und Griffe von Cove Custom Cycles, Sparto-Rücklicht

Flat Tracker
Eine Scambler mutierte bei Q-Bike zum Sandbahnrenner

Eigentlich sollte der Tracker nur eine ansprechende Verpackung für das von Q-Bike angebotene Zweizylinder-Motortuning werden. Ein fahrbares Versuchslabor und gleichzeitig ein Testfahrzeug auf Basis der eher zahmen Scrambler, mit dem Kunden die beträchtlich gesteigerte Leistungsentfaltung der gemachten Motoren am eigenen Leibe spüren können. Doch dann packte die Schrauber der Ehrgeiz. Einer kleinen Skizze folgte die konkrete Umsetzung. Im Stil der Flat Track-Motorräder, in den USA beliebte Sandbahnrenner, entstand ein aufs Wesentliche reduziertes Sportbike mit aufrechter Sitzposition. Doch selbstverständlich wurde auch die anfängliche Intention nicht aus den Augen ver-

Neben dem Motortuning ließen die Erbauer dem Bike noch zahlreiche optische Veränderungen angedeien. Sie stehen der kleinen Britin famos

loren. Der ursprünglich 58 PS starke 270°-Scrambler-Twin leistet nun dank Kopfbearbeitung, geändertem Mapping, Tuning-Nockenwellen, höherer Verdichtung und erleichterten Schwungmassen füllige 85 PS und drückt mit einem stämmigen maximalen Drehmoment von über 80 Newtonmetern beachtlich vorwärts.

Specials

2009er Triumph Scrambler, Hubraum 865 ccm, Leistung 85 PS
Specials: Q-Bike-Motortuning, Batterie unter der Schwinge, Tank Yamaha SR 500, Auspuff Shark, Sturz-Heck, Lucas-Lenker

Play Rock'n'Roll

Musik und Motorräder sind für immer.
Mit dem Thruxton Racer bleiben längst vergangene Zeiten lebendig

Der Gitarrenhersteller Fender gab den Auftrag zum Aufbau dieses Bikes. Es dient dem Tribut an alte Zeiten mit aktuellen Mitteln

Als der Gitarrenhersteller Fender sich 2009 mit einem Promobike ein zweirädriges Denkmal setzen wollte, bekam Christian Clayton den direkten Zuschlag für den Bau der Kiste . Und was lag für Clayton und seine Schmiede Sucker Punch Sallys näher, als sich eine Triumph als Basismotorrad auszusuchen. Unbelehrbare mögen in der Thruxton ein Mädelsbike erkennen, alte Ton Up Boys feierten bei ihrer Präsentation seinerzeit die Rückkehr des Hinkley-Rock.

Für ihren Café Racer setzten die Jungs auf grundsolides Customizing. Wo auf den ersten Blick nicht viel passiert ist, findet sich auf den zweiten einiges. So wurde der Twin aufs nötigste abgespeckt. Der hintere Fender mitsamt der wuchtigen Beleuchtungseinheit entfiel komplett, der vordere wurde aufs Minimum gechoppt. Ein Stummellenker mit neuen Risern vermittelt Race-Feeling, ein Rundtacho ersetzt die große Instrumenteneinheit des Originals. Die Original-Federbeine machten Öhlins-Komponenten Platz. Und die zwei Auspuffrohre, die normalerweise neben den Flanken des Bikes verlaufen, finden sich mit Trichterenden versehen nun unterhalb des Rahmens wieder, getaped natürlich, wie es sich gehört. Die urige Ledersitzbank trägt einen punzierten Schlagring, eines der Markenzeichen von Sucker Punch Sallys. Den Originalrahmen schliffen die Jungs zudem an einigen Stellen ab, so dass nun der Blick aufs blanke Metall fällt.

Und dann wäre da noch die aufwändige, klassische Union Jack-Lackierung der Künstlerin Sara Ray. Die hat wiederum auch schon die eine oder andere Fender-Gitarre unter dem Pinsel gehabt. Der Kreis schließt sich.

Specials
2008er Thruxton, **Hubraum 865 ccm, Leistung 70 PS bei 7250/min**
Specials: Öhlins-Federbeine, Doppel DE-Scheinwerfer, Auspuff, Lenker, Armaturen und Sitzbank von Sucker Punch Sallys, Lackierung von Sara Ray

Independent Bobber

Eine Bonneville Black diente den Jungs von Independent Choppers als Basis zum Bau eines einzigartigen Bobbers

Unter Regie der Independent-Schrauber wurde aus einer Serien-Bonnie ein amtlicher Bobber

Die Düsseldorfer Customizer von Independent Choppers haben sich lange Zeit vor allem einen Namen mit dem Auf- und Umbau von Harleys gemacht. Gerne auch mal rotzig, starr gelegt oder mit grobstolligen Reifen. Und es wäre verwerflich gewesen, hätten die umtriebigen Schrauber nicht auch mal 'ne Triumph auf der Werkbank gehabt. 2009 war es schließlich soweit, einer nagelneuen Bonneville Black Edition gings gepflegt an den Kragen. Black übrigens deshalb, weil sogar an Gehäuse- und Zylinderkopfdeckeln Schwarz regierte. Um einen klassischen Bobber-Umbau zu realisieren, griff man bei Independent zum einen auf be-

Das fertige Bike, das für das Magazin BIKERS NEWS entstand, wurde direkt nach Fertigstellung unter den Lesern des Heftes verlost

Specials

2008er Bonneville Black Edition, Hubraum 865 ccm, Leistung 68 PS bei 7.200/min
Specials: CCE-Springergabel, CCE-16 Zoll-Felgen, Metzeler Weißwandreifen, Stoßdämpfer von Motorcycle Storehouse, Zodiac-Bremsscheiben, W&W-Tankdeckel, Softail-Fender, Instrumente von motogadget

währtes Harley-Material aus dem Aftermarket zurück. So ist die Springergabel aus dem CCE-Programm das wesentliche Element des Frontends. Der Serientank dagegen durfte bleiben, musste allerdings aufgrund des Lenkeinschlages der Springer abgeschliffen und neu verlötet werden. Der British-Racing Tankdeckel markiert das i-Tüpfelchen auf dem Behälter. Auch Bremsscheiben und Stoßdämpfer kommen aus dem Katalog und wurden neu angepasst. Dass Customizing aber eben kein reines Kataloggeschäft ist, bewiesen die Schrauber überdies. Der hintere Bobtail-Fender stammt tatsächlich von einer alten Harley Softail. Damit er seinen Platz findet, musste das hintere Segment des Rahmenhecks entfernt werden. In die nun offenen Rahmenenden wurden die TÜV-konformen Blinker versteckt, und in den Fender ein Cateye LED-Rücklicht eingepasst. Und schließlich gings auch bei der Farbgebung nochmal zur Sache. Wo vorher Schwarz den Ton angab, pinselte der Lacker die Farben der englischen Flagge drüber, und Pinstriper Maze Grafx zog seine feinen Linien quer über Tank und Fender.

Der Bobber-Umbau erfüllt sämtliche Bestimmungen der deutschen Behörden – ist also völlig legal fahrbar

Für den Bobtail-Fender musste eine Harley-Davidson Softail ihr Heck hinhalten, das Rücklicht wurde stimmig eingepasst

Customizing ist mehr als ein Katalog-Geschäft

97

Captain Britannia

Britischer Serienchopper noch exklusiver

Mit Wiederaufleben der Marke wurden neben der britischen Mutterinsel die ehemaligen Kolonien jenseits des Atlantiks erneut der Hauptmarkt für Triumph, der passend zu bedienen war. Die ersten Schritte dazu mit den wassergekühlten Dreizylindern in der Thunderbird und Adventurer waren noch nicht so erfolgreich, doch mit dem luftgekühlten Twin und dem legendären Namen Bonneville sollte das besser klappen. Schließlich wurde 2002 mit der Bonneville America ein englisches Eisen speziell nach amerikanischen Wünschen etabliert, das auch hierzulande Chopper- und Cruiser-Freunden eine Alternative bietet. Denn als einziger europäischer Langgabler trägt die America einen unschlagbaren Exklusivitätsbonus ab Werk, der durch den polternden Zweizylinder mit 270 Grad Hubzapfenversatz akustisch untermauert wird. Hier übrigens in der letzen Vergaser-Version, und nur noch America ge-

Specials
Typ: 2007er America, Hubraum 790 ccm, Leistung 61 PS bei 7400/min
Specials: USD-Lenker auf hohen Risern, Doppelscheinwerfer, mitschwingender Flatfender mit Zierblech, Toolbox auf Ritzelabdeckung, VA-Kettenschutz, abnehmbares Heckteil, Tankkonsole mit Kombiinstrument

nannt. Lässt sich die Optik schon mit Werkszubehör steigern, klappt's mit Eigenleistung wie an diesem Custombike aus Süddeutschland erst recht. Denn Jens Endrulat hat vom mitschwingenden Heckschutzblech über Zierbleche auf beiden Radabdeckungen bis zum Edelstahl-Kettenschutz jede Menge Kreativität in seine Maschine fließen lassen. Und insbesondere mit Einzelsattel und dem in hohen Risern umgedreht montierten Lenker erzielte er eine fantasievolle Wirkung. Könnte glatt der Beach Cruiser von Käpt'n Nemo sein, wenn er mit seinem U-Boot zur Daytona Bike Week anlandet. Einen gewissen Vorsprung durch Technik bietet das EU-Bike zudem gegenüber japanischen oder amerikanischen Dickschiffen mit seiner Tauglichkeit für englische Singletrack Roads, denn bei aller Highway-Optik besitzt die America ein durchaus handliches Fahrwerk mit ansprechender Schräglagenfreiheit. Darüber sollten so nostalgische Elemente wie Zweifarblack und die klassische Toolbox, hier vorm Kettenritzel montiert, den Betrachter nicht hinweg täuschen.

Mit reichlich Eigenleistung entstand diese individuelle Version der America

Husarenstück

Noch 40 Jahre nach Burt Munros Husarenritt stehen seine Erben in den Startlöchern

Julian Schneider aus dem österreichischen Mühlberg widmet seine Speed Triple seinem Vater, der den waghalsigen Rennfahrer Burt Munro immer schon bewunderte und zum Vorbild nahm. Ein Ziel setzen und kontinuierlich darauf hinarbeiten – ohne sich von Widrigkeiten aller Arten davon abbringen zu lassen. Das ist die Lebensstrategie des Österreichers, die er auch auf den Sohn übertrug. Schon lange kreiste dessen Umbauplan mit all der Formgebung bis hin zu den Farben in seinem Hirn. Dieselben Farben, wie sie die berühmte Indian Sport trug, mit derselben Startnummer 35, mit der das Ausnahme-Krad seinen noch heute unfassbaren Rekord-Sieg erringen konnte.

„Richtig drin sitzen im Motorrad, das ist auch das Fahrempfinden mit einem Cafe Racer – deshalb musste auch das Heck tiefer runter.", argumentiert Julian den Bau eines eigenen Heckrahmens. Enorme Fahrbarkeit, das ist ein Grundsatz des Mühlbachers. Genau zur Rückansicht passend verwendete er ein ovales Rücklicht, unter dem er den dreieckigen Nummernschildträger mit dem Triumph-T anbrachte. Immer schon besonders vorzeigbar stellt sich der fein geschwungene Doppelschleifen-Rundrohrrahmen der Speed Triple dar, mitsamt dieser so bravourös homogen geformten Einarmschwinge. Das gesamte Chassis erstrahlt nun in siegesgewohntem Rot, in Gold schimmern die Marchesini-Magnesium-Felgen, ebenso

In Erinnerung an den legendären Burt Munro trägt das Bike die Startnummer 35 und die rote Farbe

wie einige wertige Parts, wie die LSL-Gabelsterne und Fußrasten, die Rizoma-Abdeckungen und die Magura-Griffe. Selbst die Gabelstandrohre glänzen im Goldton, bekamen durch ihre Veredelung dank schwedischer Federungs- und Dämpfungstechnik auch am Vorderrad die passenden Öhlins-Halterungen, gleich am vorderen Fender montiert. Optisch ansprechend und praktisch zu handhaben sind die Verstellmöglichkeiten für die Vorderrad-Aufhängung, Öhlins- und omni-präsent gleich überm Lenkkopf auf der oberen Gabelbrücke. Was wunder, dass sich dahinter nicht irgendein Anzeigeninstrument sondern ein Translogic Dashboard aufmacht, rundum und allumfassend für Information zu sorgen. Und kommt es auf den guten Ton für sonore Lautmalerei an, vertraut Julian auf eine Supertrapp-Auspuffanlage, wobei die drei schlanken Krümmerrohre unterm Reaktor das wunderschöne Pendant zu den oberhalb des Triebwerkes verlaufenden Rahmenrohren bilden. Dem Image eines wahren Cafe Racers entspricht Julian auch mit der Verwendung der Lenkerstummel, auf die sich Clubman-Spezialist Jochen Schmitz-Linkweiler als Boss von LSL Motorradtechnik in Krefeld ebenfalls verschworen hat. Aus dem gleichen Programm stammt dann auch der Rundscheinwerfer – eine andere Lichtquelle als diese hätte es an der Stelle nicht geben dürfen.

Specials

2004er Speed Triple, Hubraum 955 ccm, Leistung 130 PS bei 9000/min
Specials: Supertrapp 3 in 1-Auspuff, Öhlins-Federbein, Einarmschwinge, Alu-Gussräder vo. 3,50 x 17" m. 120/70-17, hi. 6,00 x 17" m. 190/50-17, Bremse vo. 320 mm Doppelscheibe hi. 220 mm Einscheibe, LSL Stummellenker, Magura-Hebel, Translogic-Instrumente

Der formschöne, schnörkellose Supertrapp-Endschalldämpfer bringt den Sound des Dreizylinders voll zur Geltung

Nummero Tre
Italienisches Design zeichnet die „Matty"-Sprint 900 aus

Manchmal passiert es, dass der Besitzer eines Motorradgeschäfts ein Bike nur nach dem eigenen Geschmack aufbaut und ausschließlich der eigenen Leidenschaft folgt. So geschehen bei dieser Triumph Sprint 900, die Nicholas Martini ausschließlich für den persönlichen Gebrauch entwarf. Nicholas hatte im März 1994 den ersten offiziellen Triumph-Händler in den Nordosten Italiens, in Verona, eröffnet und sich seitdem einen Namen mit geschmackvollen Umbauten gemacht. Das allererste Motorrad, das Nicholas damals verkaufte, war eine Sprint 900. Als sich die Gelegenheit ergab, genau dieses Bike zurückzukaufen, griff der Vertragshändler sofort zu. Die Sprint befand sich in erbärmlichen Zustand, doch es sollte ein eigenständiger Umbau aus dem sportlichen Dreizylinder-Modell entstehen. Der Tank wich einem kleinen 4,5 Liter-Behälter aus einem Peugeot-Roller, der unter dem Heckbürzel verstaut wurde. Auch der Kühler wanderte über das Hinterrad. Räder, Scheinwerfer, Lenker, Kühlschläuche – alles veränderte der Triumph-Profi nach den eigenen Ideen. Nicholas blickt auf seinen Umbau: „Diese Sprint war das erste Motorrad, das ich verkauft habe, und sie hat das erste Geld für unseren Laden verdient. Nun werde ich sie nie wieder verkaufen."

Specials

1994er Sprint 900, Hubraum 885 ccm, Leistung 98 PS bei 9500/min
Specials: Tank aus Peugeot-Roller, Kühler über dem Hinterrad, Thunderbird-Speichenräder, Rahmen modifiziert, Scheinwerfer Harley-Davidson Fat Boy, Luftkanal-Kit

Unter dem frei liegenden Rahmenrohr präsentieren sich stets präsent die Luftfilter und Vergaser, die den Dreizylinder mit Futter versorgen

Die Verbrennungsrückstände des links fabrizierten Benzin-/Luftgemischs dürfen nach getaner Arbeit durch die formschöne Krümmeranlage ins Freie entweichen

Kriminal Tango
Hooligan im deutschen Maßanzug

Die Speed Triple ist so was wie die Abrissbirne unter den unverkleideten Straßensportlern. Eines Tages hatten die Verantwortlichen bei Triumph wohl ihren Fünf-Uhr-Tee mit dem falschen Kraut gebraut und sind dann nachts durch Gegenden gegeistert, in denen früher die Edgar Wallace Filme gedreht wurden. Als sie in schummrige Garagen spionierten, entdeckten sie englische Bulldoggen auf zwei Rädern, nur dass deren kurze Schnauze hinten war. Zurück im Werk trieben sie ihren Schabernack an den Produktionsbändern, und fortan rollte die Speed Triple 1050 aus den Hallen. Anders als Wayne Rooney trifft dieser Stiernacken noch nach Jahren ins Schwarze und wird in deutschen Trainingslagern nur zu gern gesehen. Eines davon ist Junk Design in Rinteln, die schon seit Mitte der 1990er Jahre echte Kraft-

Aus der bereits gut aussehenden Speed Triple entstand durch Anbau von erlesenen Customparts ein überaus edles Gefährt, das den Namen der Erbauer „Junk Design" Lügen straft

räder in unverschämt knappe Schale werfen. Was Bulliges für den Lampenmaskenball ist da selbstverständlich, extravaganter erscheint schon der eigene Heckrahmen mit Höckersitz. Klar stammen alle anderen Formteile auch aus heimischer Fertigung, ebenso wie die rabenschwarzen Gabel-Cover, während man beim Auspuff auf Bewährtes von Akrapovic setzte. Cool bleibt das Muskelpaket dank Setrap und Jabusch-Kühlerbau, blendend umhüllt von HF-Carbon. Stahlflexschläuche mit in Rot gehaltenen Anschlussstücken vervollständigen die Klimaanlage. Ebenfalls rot eloxiert ergänzt zartes Alu-Geschmeide von ABM und Rizoma auf angemessenem Niveau das edle Lackkleid. Dunkler Zwirn wirkt halt viel nobler als der serienmäßige schrille Sportdress. Mit diesen maßgeschneiderten Designerklamotten kann nun der Tempo-Tripper in Buckingham zum Dinner oder vorm Stadion schwarze Donuts kotzen. Nach Belieben.

Specials

2007er Speed Triple, Hubraum 1050 ccm, Leistung 132 PS bei 9300/min

Specials: Alu-Formteile sowie Gabel-Cover von Junk Design, LSL-Lenker mit Rizoma-Griffen, Shinyo Rückspiegel, ABM Fußrastenanlage, LED Blinker von Barracuda, Fernbedienung für Bordcomputer mit Taster von motogadget, Lack von MG Airbrush

Selbstzünder

Klingt wahnsinnig – und ist es auch:
Ein bayerischer Tüftler ersetzt den Dreizylinder der Speed Triple gegen ein Turbodiesel-Aggregat von Lombardini

Heiko Fleck ist so etwas wie der Daniel Düsentrieb der Diesel-Motorrad-Szene. Der Bayer zählt zu den umtriebigsten Schraubern überhaupt, in seiner Werkstatt hat er bislang eine geradezu unglaubliche Anzahl von Dieselmotorrädern zusammengeschraubt. Jede Menge unkonventioneller Zweirad-Selbstzünder gehen auf das Konto des Umbauers. Neuerdings hat Heiko die Motoräder der Marke Triumph für seine verrückten Basteleien entdeckt. Nachdem er eine Tiger mit Seitenwagen und Diesel-Motor ausgerüstet hat, standen zwei Speed Triple auf der Werkbank des Spezialisten. Bei beiden ersetzte er das serienmäßige Aggregat gegen einen 1000 ccm Dreizylinder-Common Rail-Diesel von Lombardini. Weil die Selbstzünder aus Reggio Emilia zum einen glattflächig und schlicht aussehen und ohne außenliegende Leitungen auskommen, zum anderen weil die Lombardini-Motoren problemlos im Alltag laufen, hat sich der Anzenkirchener für die italienische Technik entschieden. Bei der orangefarbenen Speed Triple vetraut Heiko auf eine 30 PS starke Saugversion des Lombardini, mit der eine Höchstgeschwindigkeit von 155 km/h möglich wird. Der Verbrauch liegt bei rund 2,4 Litern. Etwa einen Liter mehr nimmt die gelbe Speed Triple, deren baugleicher Motor über einen IHI-Turbolader zwangsbeatmet wird. 45 PS, stattliche 103 Newtonmeter und 170 km/h sind die beachtlichen Werte des Umbaus. Beiden Triumphs gemeinsam ist das verbaute CVT-Automatikgetriebe, das – ähnlich wie im Motorroller – die Drehzahl beim Beschleunigen und bei Top Speed immer im optimalen Bereich von etwa 3000 Umdrehungen hält. Versionen mit Schaltgetriebe sind darüber hinaus ebenfalls erhältlich.

> **Specials**
>
> 1998er Triumph Speed Triple Turbodiesel, Hubraum 1028 ccm, Leistung 45 PS / 30 PS
> Specials: Lombardini LDW 1003-Dreizylinder-Diesel (optional mit IHI-Turbolader), CVT-Automatik-Getriebe, Fleck-Zwischenwelle, Flyscreen, LSL-Lenker

Britisches Bike mit italienischem Herzen. Dieses schlägt zwar langsamer als der originale Motor, schöpft seine Leistung aber ebenfalls aus drei Zylindern

Jumbo-Jet

Der erste deutsche Umbau der gewaltigen Rocket III kam Anfang 2005 aus der Pfalz

Charakterwandel: 40 Kilo weniger auf den Rippen und der Höcker mit integrierter 3-in-3-Auspuffanlage machen die Rocket-Ramme zum mächtigen Roadster

Fritz Rebholz ist mit seiner süpfälzischen Umbauschmiede „Palatina" führend, was deutsche Profi-Triumph-Customs angeht. So war er es auch, der sich als erstes der Wuchtbrumme Rocket III annahm. Sein Plan einer ordentlichen Diät für das Dickschiff war von Beginn an klar. In Verbindung mit den Carbon-Spezialisten der Firma Wethje in Niederbayern entwickelte er eine komplette Verkleidungs-Serie, die teilweise auch bei Serien-Rockets verwendet werden kann. Für das Heckteil gilt das allerdings nicht, denn zur Anbringung des raketenähnlichen Höckers muß das Rahmenheck gekürzt werden. „Als ich im November 2004 die Flex an die Rahmenrohre angesetzt hatte, wusste ich, es gibt kein Zurück mehr", erinnert sich der Pfälzer. Durch die reichliche Verwendung federleichter Carbon-Teile und Einsparungen an weiteren Details konnte Fritz letztlich erstaunliche 40 Kilo an der Super Size-Triumph abspecken. In die vordere Kühlerverblendung integrierte er die Blinker, und auch die hinteren Fahrtrichtungsanzeiger sitzen in organisch angepaßten Carbon-Gehäusen. Allerdings bleiben nach der Kur noch immer 320 Kilo übrig: „Ist halt ein riesiges Motorrad", Fritz zeigt auf den gewaltigen Motorblock des 2,3 Liter-Dreizylinders.

Und der hat mit dem Gewicht keine Probleme. Wie kein zweiter Motorradmotor zerrt der Drilling mit bis zu 200 Nm am Hinterrad. Bereits ab Standgas katapultiert das 145 PS starke Riesenaggregat Mann und Maschine höchst eindrucksvoll nach vorn. Untermalt wird die Brachial-Beschleunigung von einem wohligen Triple-Klang. Die drei „Underseat"-Schalldämpfer verbergen sich unter der Heckverkleidung, die gleichzeitig auch den Ansaugkanal für die Airbox beherbergt.

Das Gewicht der Rocket spürt der Fahrer allenfalls beim Rangieren, zumal die Sitzposition 80 mm höher gesetzt wurde. Während der Fahrt verstecken sich die Pfunde hinter der geschickt austarierten Gewichtsverteilung und im niedrig angesiedelten Schwerpunkt – Hut ab.

Specials

2004er RS Rocket III, Hubraum 2294 ccm, Leistung 145 PS bei 5800/min
Specials: Palatina 3-in-3-Auspuffanlage, Wilbers-Stoßdämpfer, vorn 3,5 x 17" Dymag Carbonfelge mit 150/80-17, hinten 7,5 x 16"-Leichtmetall-Felge mit 240/50-16, vorn 320 mm Doppelscheibenbremse, hinten Einzelscheibe, Wethje-Carbon-Heck, -Seitendeckel, Kühlereinfassung, Schutzblech, Airboxblende, Rahmencover, LSL Lenker

Wire Wheels

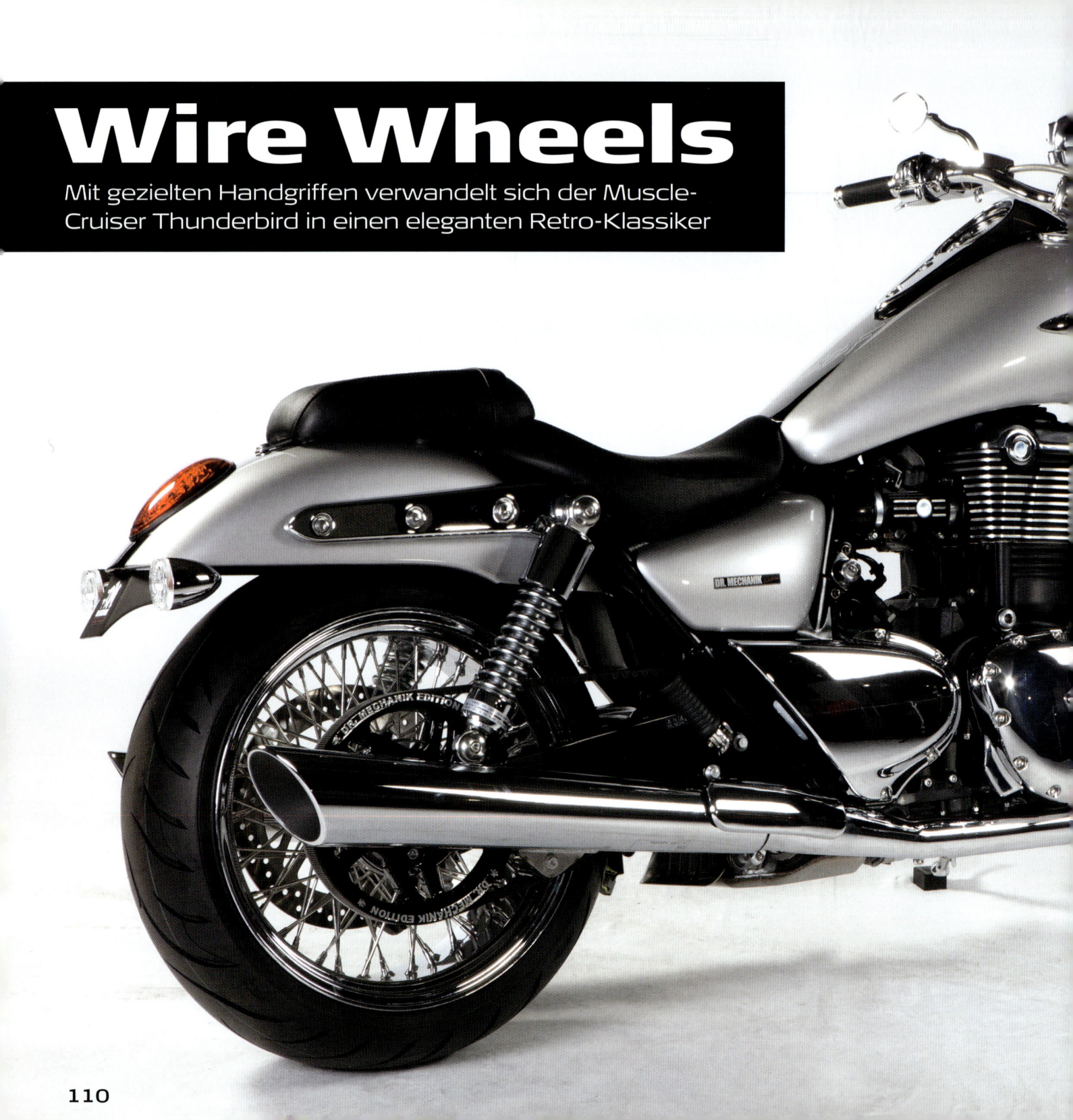

Mit gezielten Handgriffen verwandelt sich der Muscle-Cruiser Thunderbird in einen eleganten Retro-Klassiker

Vor allem die filigranen Speichenräder verändern den Charakter der 1,6 Liter-Thunderbird in Richtung Klassik

Mit der Thunderbird hat Triumph den größten Reihen-Zweizylinder der Welt im Verkaufsprogramm. Beachtliche 1600 ccm misst der Zylinderinhalt des modernen dohc-Twins, der sich wohltuend vom V2-Einerlei der Mitbewerber abhebt. Obwohl die Thunderbird als gemütlicher Kreuzer auftritt und mit über 300 Kilo Leergewicht nicht gerade zierlich gebaut ist, zeigt sie auch auf kurvigen Strecken dynamische Talente. Max von Dr. Mechanik wollte den Power Cruiser-Look jedoch gegen ein klassischeres Aussehen ersetzen. Also entwickelte er einen eleganten Speicherad-Kit, der als Bolt-On-System innerhalb kurzer Umbauzeit gegen die originalen Aluguss-Räder ersetzt werden kann. Vorn wird dann ein 120er Reifen in 21 Zoll-Größe verbaut, auf die hintere 8,5 Zoll-Felge passt ein 240er Breitgummi. Die serienmäßige Hinterradschwinge muss zum Einbau der neu dimensionierten Felge angepasst werden. Weiterhin verbaute der Fellbacher Custom-Spezialist Armaturen von Arlen Ness, Lenkerschalter von Harley-Davidson, er velegte sämtliche Kabel in den Lenker und entwickelte ein spezielles Steuergerät für das BUS-System. Ein Kennzeichenhalter aus eigener Herstellung und Edelstahl-Bowdenzüge vervollständigen den vergleichsweise preiswerten, aber effektvollen Umbau des Sport-Cruisers in einen eleganten Klassiker.

Specials

2009er Triumph Thunderbird, Hubraum 1597 ccm, Leistung 85 PS bei 4850/min Speichenrad-Kit, vorn 2,5 x 21" mit 120/70 21, hinten 8,5" mit 240/40-18, Schwingenumbau, Dr. Mechanik-Kennzeichenhalter, Armaturen Arlen Ness

Short Cuts

Individuelle Umbauten entstanden bereits in den 50er und 60er Jahren mit den Motorrädern aus Meriden, und auch die aktuellen Hinckley-Triumphs sind dankbare Objekte für Tuning-Exzesse

Riesenrad

Als Privatschrauber war Paul sichtlich überrascht über die Nachricht, mit seiner Starrrahmen T 120 den ersten Platz beim CUSTOMBIKE-Wettberwerb 2010 abgeräumt zu haben. „Beim nächsten Treffen präsentiere ich euch einen Chopper, den so noch keiner gesehen hat.", hatte der Niederrheiner noch getönt. Und tatsächlich entstand in der heimischen Garage ein Minimalbike par Excellence. Als klare Abkehr von Breitreifen sieht Paul seine Idee, 23"-Räder vorn und hinten zu verbauen.

Modell: T 120 R | Baujahr: 1966
Leistung: 47 PS | Hubraum: 744 ccm
Specials: LC Custom Springer-Gabel, 23"-Räder, Morgo-Zylinder

Lowrider

Der Hauptrahmen der alten Triumph-Twins mit seinem geschraubten Heckteil eröffnet die Möglichkeit, eine individuell gestaltete Hinterradaufnahme zu montieren. Im Harz entstand so dieser Lowrider auf T 110-Basis mit breitem 17 Zoll-Hinterrad, 190er-Reifen und Ceriani-Gabel. Und weil ein starres Heck scharf aussieht, aber den Sitzkomfort drastisch reduziert, ist der Sattel gefedert – und zwar stilecht mit einem AJS-Stoßdämpfer.

Modell: T 110 | Baujahr: 1961
Leistung: 47 PS | Hubraum: 649 ccm
Specials: geschraubtes Starrrahmenheck,

Trinity School

Bereits in den 90ern führte Tomarinari-San an seiner Trinity School in Tokio zwei Klassen mit je fünf Schülern zum professionellen Chopper Bauer. Heraus kamen Exponate wie diese Triumph mit einem für japanische Custombikes typischen Gooseneck-Fahrwerk, für deren Aufbau ein gelehriger Schüler zehn Monate Zeit hatte. Dass es sich bei dem klar gegliederten Motorrad um ein Erstlingswerk handelt, spricht für die Qualität der Ausbildung.

Modell: TR 6
Baujahr: 1998
Leistung: 47 PS
Hubraum: 649 ccm
Specials: Gooseneck-Rahmen, Unit-Motor, Paughco-Springer-Gabel

Dirt Track

In der nordamerikanischen Dirt Track-Szene wurden früher auch Triumph-Zweizylinder erfolgreich eingesetzt. Streng nach dem Vorbild der Rennmaschinen von David Dixon entstand 2007 diese Bonneville Special. Der Tracker punktet mit hochgelegter Auspuffanlage, Doppelscheibenbremsen und Fiberglas-Komponenten. Dixons Startnummer war damals die Neun, da schien die doppelte Neun auf der Nummerntafel für das Retro-Projekt gerade richtig.

Modell: T 120 R
Baujahr: 1971
Leistung: 52 PS
Hubraum: 744 ccm
Specials: 750 ccm Morgo-Kit, Paioli-Gabel, Fiberglas-Tank und -Sitzbank

Blue Fighter

Alles begann, als Johan eine kompakte Harley mit Dreispeichen-Alurädern sah. Das Bild brannte sich ein, und der Schwede startete den Neuaufbau einer Triumph T 120 R. Neben den Rädern einer Suzuki GSX-R 1100 fanden ein getunter Motor und ein Eigenbau-Rahmen mit starrem Heck Verwendung.

Modell: T 120 R
Baujahr: 1972
Leistung: 48 PS
Hubraum: 660 ccm
Specials: Eigenbau-Rahmen, Husqvarna-Gabel, GSX-R-Räder, Motortuning

Triumph Superior

Die Linienführung der 1972er Bonneville aus Japan ist eine Verbeugung vor dem Oberklasse-Bike Brough Superior. Tankform, Brooklands-Schalldämpfer, Instrumente und Öltank verwandeln die Triumph optisch in das Nobelmotorrad der 30er Jahre.

Modell: T 120 V
Baujahr: 1972 |
Leistung: 50 PS
Hubraum: 744 ccm
Specials: Cobra-Rahmen, Motortuning, Eigenbau-Tank, Lockhead-Bremse, Brooklands-Schalldämpfer

Salt Flat Racer

Der Texaner Johnny Allen brachte 1955 seine Triumph mit 340 km/h erstmals in die Rekordliste, andere Piloten wie Bill Johnson oder Bob Leppan rasten schließlich Richtung 400 km/h. Fortan gab der Bonneville-Salzsee der Triumph ihren Namen. Mats aus Schweden war von den Salzrennern derart fasziniert, dass er sich ein Gespann nach dem Vorbild der Racer baute. Insgesamte kostete sein Umbau dank Eigenbau lediglich 3000 Euro – rekordverdächtig!

Modell: T 120 R | Baujahr: 1965
Leistung: 46 PS | Hubraum: 649 ccm
Specials: verschraubtes Starrrahmenheck, Eigenbau-Seitenwagen

Hot Rod Twin

Wer von alten Biker-Filmen träumt, von wilden Gangs und deren noch viel wilderen Bikes, der wird früher oder später den Drang verspüren, einen eigenen Chopper aufzubauen. Das kann eine Harley mit langer Sissybar sein, vielleicht eine Honda CB 750 im Starrrahmen oder eben eine Triumph wie diese 1953er Pre Unit im Old School Style. Mit Apehanger, verlängerter Gabel und 16 Zoll-Hinterrad.

Modell: Tiger T 110 | Baujahr: 1953
Leistung: 48 PS | Hubraum: 744 ccm
Specials: Wassell Banana-Tank, Morgo-Zylinder, Joe Hunt Magneto

Rebel Ratbike

So kann heute ein Rebellenbike aussehen. Nostalgie ja, aber garniert mit Zutaten aus der Jetztzeit. Heiko aus Dresden begann mit einem alten Starrrahmen und einem 750 ccm-Motor und fügte nach und nach Räder und Gabel einer Suzuki Bandit, selbstgefräste Gabelbrücken, Scheibenbremsen einer Kawasaki und jede Menge mattschwarzer Farbe dazu. Das Ganze sieht nicht nur derbe aus, sondern funktioniert auch prächtig.

Modell: 6T | Baujahr: 1953
Leistung: 52 PS | Hubraum: 744 ccm
Specials: T 140-Motor, Suzuki-Gabel, Clip Ons

Knickrahmen-Roadster

Wie macht man eine klassische Bonneville noch klassischer? Man nehme einen braunen Solosattel (die Schwedenpfanne), senke das Rahmenheck ab und garniere das ganze mit farblich passenden Leder-Details, fertig ist ein lassiger Alltags-Oldtimer für Gentlemen und Ehrenmänner.

Modell: T 120 R | Baujahr: 1969
Leistung: 48 PS | Hubraum: 649 ccm
Specials: modif. Rahmenheck, Schwedenpfanne, US-Lenker

T-Chopper

Sowas kannten wir bisher eher aus Skandinavien. Schön aber, dass neben der hochmodernen Rocket auch alte englische Ladies das Zeug zum amerikanischenTraum haben. Dewey aus Florida setzte das 750 ccm-Aggregat in einen Rigid-Frame von British Cycle Supply. Dann montierte er eine um 2" verlängerte 40 mm-Gabel von HHI. Herzstück sind die Räder, vorn glänzen120 Speichen, hinten sind es 100.
Modell: T 140 | Baujahr: 1974
Leistung: 55 PS | Hubraum: 744 ccm
Specials: Mikuni-Vergaser, Boyer-Zündung, Speichenräder, V-Twin-Tank

The Limey

Ein englisches Motorrad, egal welcher Marke, bezeichneten die Amis schon früh gerne als „Limey". Dieser Bobber ist ein besonders alter Vertreter der Gattung, Baujahr 1932. Starrrahmen ist da Pflicht, Teile wie Kickerpedal, Riser, Rasten und Griffe sind aus dem Vollen gedreht und gefräst. Die Rücklichter sind umfunktionierte Blinker und eines der ganz dezent eingesetzten Chromteile. Klar, starr, störrisch und dezent muss ein Oldschooler sein.
Modell: Triumph 6T
Baujahr: 1932
Leistung: 48 PS
Hubraum: 744 ccm
Specials: 6T-Motor, Big Bore-Kit. Starrrahmen, Sportster-Tank, TRS-Gabel, Fehling-Lenker

Harbortown Bobber

Nach dem Dreh der Doku „Choppertown" entschied sich Filmemacher Scott DiLalla zum Kauf einer gestrippten T 120, ohne Motor. Den wiederum spendete eine 71er Bonneville. Beim Aufbau entschied er sich für zeitgenössischen Look mit Wassell-Peanut-Tank, schmalen Rädern, 21 Zoll vorn, 16 hinten, Federsattel und vielem mehr. Der Bau dauerte beinahe zwei Jahre, auch, weil er mit der Kamera begleitet wurde. „The Harbortown Bobber" heißt der fertige Film.

Modell: T 120 R | **Baujahr:** 1969
Leistung: 46 PS | **Hubraum:** 649 ccm
Specials: Amal-Vergaser, Dragpipes, Magneto-Zündung, Wassell-Tank, Trommelbremsen, Clubman-Lenker, Bullet-Rücklicht

Kompressor Twin

Getunter Motor, Norton-Getriebe, Eigenbau-Fahrwerk – damit ist ein klassischer Twin-Dragster perfekt. Der Motor mit den gekürzten Kühlrippen verfügt über Carillo-Pleuel, geänderte Standard-Nockenwellen und BTH-Rennmagnet. Den offenen Brückenrahmen baute der Erbauer innerhalb von einer Woche selbst.

Modell: Triumph Sprinter | **Baujahr:** 2001
Leistung: k.A. | **Hubraum:** 744 ccm
Specials: Shorrock's-Kompressor, Brückenrahmen m. integriertem Tank

Zapata

Wer es nicht mit dem Harley-Mainstream treiben will, ist mit den britischen Paralleltwins bestens bedient. Was in den USA begann, setzte sich schnell in Europa fort, hemmungslos gestrippte Triumph-Klassiker rocken die Straßen. Dieser Freiheitskämpfer von Freaky aus Deutschland überzeugt mit jeder Menge Lässigkeit und Hirnschmalz. Auspuff, Rasten, Fender und Armaturen sind selbst gebaut. Der Rest kommt vom Flohmarkt. Starrrahmen und Handschaltung sind außerdem Ehrensache.

Modell: Thunderbird 6T | Baujahr: 1960
Leistung: 47 PS | Hubraum: 649 ccm
Specials: Handschaltung, starres Heck, Bonanza Ape-Lenker, Freaky-Auspuff

Li-La-Launebär

Gedrehter Z-Lenker, lange Gabel, eiserne Kreuze, Sargtank, riesige Sissybar und zur Krönung eine dicke Schicht poppiger Lack – die Trident von Steffan ist eine Zeitmaschine und versetzt einen rubbeldiekatz in die 70er Jahre. Viele Jahre hatten die Teile in einer Garage vor sich hin gegammelt, dann gings los. Die Geradwegfederung einer BMW R 51 war schon vorhanden, der Dreizylinder wurde fachmännisch überholt, die brutal laute Auspuffanlage ist selbst gebogen. Vorverlegte Fußrasten sind für einen Chopper dieses Kalibers außerdem unverzichtbar.

Modell: Trident T 150 V | Baujahr: 1972
Leistung: 58 PS | Hubraum: 740 ccm
Specials: Amal-Vergaser, offene Trichter, Brando's Auspuff, BMW-Geradwegfederung, Sargtank, Sissybar

Schmaler Bobber

Rahmen und Papiere waren der Antrieb, diese Thunderbird zu kaufen. Alles andere folgte nach und nach. Der Motor mittels neuen Nockenwellen und Zylinderköpfen aufgebretzelt. Dazu ein gestretchter Tank und die auffällige Girder-Gabel, Selfmade-Auspuff und Eigenbau-Lenker. Fertig ist ein amtlich gestrippter Bobber.

Modell: Thunderbird 650 | Baujahr: 1951
Leistung: 45 PS | Hubraum: 649 ccm
Specials: Amal-Vergaser, AME-Gabel, Mustang-Tank, Fußrasten aus Bankirai-Holz

Race Design

Der Schweizer Motorradbauer und Designer Ivo Tschumi wagte sich an die Thruxton, um aus ihr ein modernes Showbike zu Repräsentationszwecken zu bauen. Fahren tut das Töff trotzdem, vor allem im Einsatz auf der Rennstrecke. Und gerade dort entfaltet sich das Potential von edlen Zubehörteilen, wie der Aprilia-Gabel, PVM-Speichenfelgen und Showa-Federbeinen in Verbindung mit Design-Einzelanfertigungen. So entstanden zum Beispiel Tank, Sitzbank und Rastenanlage in Tschumis Werkstatt.

Modell: Thruxton | Baujahr: 2005
Leistung: 68 PS | Hubraum: 865 ccm
Specials: Flachschiebe-Vergaser, Zard 2-in-1-Auspuffanlage, Rahmenheck gekürzt, USD-Gabel, PVM-Räder

Kilometre 66

Nach der Wiederbelebung des Namens Triumph am Standort Hinckley waren die Tridents die ersten Modelle einer neuen Dreizylinder-Generation. Der hier gezeigte Café Racer auf Basis des Speed Triple-Vorgängers T 300 entstammt der kreativen Feder der französischen Motards von Kilometre 66. Mit seiner Lampenverkleidung und der Höckersitzbank ist er klassischen Rennbikes nachempfunden.

Modell: Trident | Baujahr: 1992
Leistung: 98 PS | Hubraum: 885 ccm
Specials: Frontverkleidung, Höckersitzbank

Stummelpflicht

Auch aus einer 955er Speed Triple lässt sich mit knapp 1000 Euro Budget ein moderater Nackt-Racer basteln. Ein Stummellenker ist in diesem Fall dringend notwendig und bei den Brüdern im Geiste von LSL zu bekommen. Damit Ergonomie und Optik stimmen, gibts zurückgelegte Fußrasten obendrauf. Für den Auspuff zahlte der Schrauber einen Sonderpreis. Und er ergatterte einen Kröber-Drehzahlmesser, jenes legendäre Rennzubehör der 70er Jahre. Die typischen Doppelscheinwerfer bleiben erhalten, fallen nur kleiner und schwärzer als das Original aus.
Modell: Speed Triple | Baujahr: 2000
Leistung: 120 PS | Hubraum: 955 ccm
Specials: Stummellenker, Nikko-Schalldämpfer, P&W Scheinwerfer, Kontroll-LED

Queen Mumm

Zwar ist eine Daytona kein knochenharter Supersportler wie eine Yamaha R1, aber sie überzeugt dafür auch mit Alltagsqualitäten. Die werden noch verstärkt, wenn man ihr den Panzer nimmt. Ohne Verkleidung wirkt sie wesentlich eleganter, die verbaute Einarmschwinge ist ein weiteres optisches Highlight. Die Laser-Dämpfer am hochgelegten Sound stoßen röchelnden Dreizylinder-Sound auf die Straße, statt Glubschaugen zwinkern kleinere MIG-Lights. Dazu gibts für den sportlichen Drive einen Bugspoiler.
Modell: Daytona 955i | Baujahr: 2001
Leistung: 128 PS | Hubraum: 955 ccm
Specials: Alu-Einarmschwinge, Superbike-Lenker, Bugspoiler, Ducati-Cockpit, Kellermann-Blinker

Hellfire

Einen Flattracker auf Street Triple-Basis präsentierte Mitte 2010 der Triumph Vertragshändler Motorcorner aus Göppingen. Für die Optik verwendeten die Schwaben selbst entwickelte, im Tiefziehverfahren hergestellte Body Parts, die es übrigens auch für andere Triumph-Modelle gibt. Darüber hinaus geben extravagante Speichenräder, die zudem in verschiedenen Farbkombinationen lieferbar sind, einen besonderen Look. Die bei der Triple Hellfire verbaute Schalldämpferanlage war zunächst ein Prototyp, aber bald gabs die Anlage auch EG-konform.

Modell: Street Triple | Baujahr: 2010
Leistung: 106 PS | Hubraum: 675 ccm
Specials: BOS-Racing Auspuff, Startnummerntafel, Speichenräder

Cobra Fighter

Im Stand schauen die Scheinwerfer nach unten, beim Fahren richten sie sich auf – nur ein Gimmick des Schweizer Fighters. Dazu kommen der Ducati-Kühler, das knackige Heck und das Expansionsgefäß aus Aluminium. Andere Details wie die geänderte Sekundärübersetzung, das Zündschloss unterm Sattel, der Tankdeckel von Mini Cooper, die mit Cobra-Leder bezogene Sitzbank und der matte Lack tragen außerdem zum gelungenen Gesamtbild bei.

Modell: Daytona 955i | Baujahr: 2004
Leistung: 147 PS | Hubraum: 955 ccm
Specials: Power Commander, Öhlins-Federbein, Showa-Gabel, LSL-Lenker

Shark Thruxton

Mit der Thruxton hat Triumph einen Café Racer ab Werk im Modellprogramm – Stummellenker, Höckersitzbank und klassisches Outfit sind serienmäßig. Noch sportlicher wird die Optik mit einer hochgelegten Zubehör-Auspuffanlage von Shark. Klar, denn im Auftrag eben jener Firma entstand das Promobike schließlich. Zurückverlegte Rasten, dezente Spiegel und das Weglassen des Rücklichts glätten die Linie außerdem.

Modell: Thruxton 900
Baujahr: 2005
Leistung: 70 PS | Hubraum: 865 ccm
Specials: Shark-Auspuff, zurückverlegte Fußrasten

Six Days

Streng nach dem Vorbild der Six Days-Maschinen der 60er Jahre wurde diese Bonnie zum Trophy-Bike. Grobstollige 18-Zöller, schwarz lackierter Lenker, knappe Schutzbleche und Minimal-Lampen kennzeichnen das Retro-Dirtbike. Eine längere Scrambler-Gabel sowie ebenfalls längere Stereo-Federbeine erhöhen die Offroad-Tauglichkeit. Die dicht am Motor, aber unten verlegte Auspuffanlage ergänzt den stylischen Cocktail. Der Parallelwin bleibt bis auf die Feinabstimmung der beiden Keihin-Vergaser unangetastet.

Modell: Bonneville
Baujahr: 2007
Leistung: 61 PS | Hubraum: 790 ccm
Specials: Lenker, Sitzbank und Fender von LSL, Leo Vince 2-in-1-Auspuff

Gulf Stream

Die Rocket ist ein Drehmomentknaller, keine Frage. Doch bei ihrer Vorstellung gabs auch Kritik, über ihr chromüberladenes, biederes Äußeres. Bei Palatina in der Südpfalz nahm man sich der Sache an und verschaffte dem Dampfer Luft. 40 Kilo Gewicht durch die Verwendung von Carbon-Teilen macht ein Motortuning überflüssig. Dazu verleihen die hochverlegten Schalldämpfer der Linie des Geschosses eine sagenhafte Klarheit.

Modell: Rocket III | Baujahr: 2006
Leistung: 140 PS | Hubraum: 2.294 ccm
Specials: Seitendeckel, Abdeckungen, Fender aus Carbon, Palatina-Auspuff

MGS Dragbike

In 180 Tagen bauten die Jungs von MGS Custombikes aus den USA eine Rocket für die amerikanische Fernsehsendung „Metric Revolution". Das Viertelmeilen-Bike enthält mehr Serienteile, als gedacht. So sind der komplette 2,3 Liter-Antriebsstrang, die Doppelscheinwerfer und sogar der Tankdeckel Originalteile.

Modell: Rocket III | Baujahr: 2007
Leistung: 140 PS | Hubraum: 2.294 ccm
Specials: MGS-Verkleidung und -Schwinge, Dragsterreifen hinten

Rocket-One-Off

Im Auftrag des englischen Versicherungsunternehmens Bennett's entstand der wohl spektakulärste Rocket-Umbau. Customizer Roger Allmond behielt Motor und Getriebe bei, alles andere entstand neu. Ins Auge fallen vor allem die Fünf-Speichen-Carbonräder von Dymag, beide Räder werden einarmig geführt. Der Rahmen ist aus Aluminium und wurde wie Gabel und Lenker von Allmond selbst entwickelt und gebaut.

Modell: Rocket III | Baujahr: 2007
Leistung: 140 PS | Hubraum: 2.294 ccm
Specials: Alu-Rahmen, Einarmschwinge vorn und hinten, Carbon-Räder

TT Deluxe

Bei LC Fabrications in Alabama/USA entsteht 2008 ein Showbike auf Basis einer neuen Bonneville. Den Paralleltwin lässt Schrauber Jeremy Cupp nahezu original, alles andere designt er neu. Er baut Rahmen und Gabel, entwirft außerdem einen langgestreckten Benzintank, sogar die Sitzbank bezieht er selbst. Als Vorlage dienen europäische Sportbikes des frühen 20. Jahrhunderts. Mit dem ungewöhnlichen Vintage Racer belegt Jeremy bei der Custom-Weltmeisterschaft 2008 einen bemerkenswerten sechsten Platz in der Freestyle-Klasse

Modell: Bonneville
Baujahr: 2006
Leistung: 68 PS
Hubraum: 865 ccm
Specials: LC Fabrications-Rahmen, -Tank, -Auspuff, -Gabel

Technik-Check

Wartung, Reparaturen, Tuning:
Wer mit einem klassischen Triumph-Twin der 50er bis 70er Jahre noch heute problemlos im Alltag fahren will, der sollte einige Kniffe beherrschen

Ölsardinen, nicht vollgasfest, kapriziöse Lucas-Elektrik – die klassischen Triumph Twins vom Schlage einer Bonneville, TR6 oder Speed Twin stehen im Ruf, nicht besonders zuverlässig zu sein. Und in der Tat entspricht selbst die in den späten Modellen der 60er und 70er Jahre verbaute Technik noch dem Entwicklungsstand der 40er Jahre. Das erfordert eine gewisse Nachsicht beim Umgang mit den klassischen Briten. Sorgsam, mit Know-How gewartet und mit moderaten Dauergeschwindigkeiten auf der Autobahn gefahren, laufen die Twins jedoch weitgehend problemlos. Vor allem sollten genervte Fahrer nicht vergessen, dass selbst die letzten Oil-in-Frame-Triumphs mittlerweile bereits fast 40 Jahre alt sind. Zudem resultieren viele Schwächen der klassischen Bikes aus der Reparatur- und Wartungsmentalität unachtsamer Vorbesitzer.

Motor

Die Spezialisten von Single and Twin featuring Niemeyer in Hamburg grenzen die Problemzonen der Parallellaufer konkret ein. „Ein echter Schwachpunkt ist die Kolben-Ölpumpe. Bereits im Neuzustand liegt die Pumpleistung der antiquierten Pumpe unter der einer vergleichbaren Zahnradpumpe", erzählt Michael Beckmann von Single and Twin. „Bei höheren Laufleistungen und entsprechendem Verschleiß fördern Vor- und Rücklauf-Kolben dann nicht mehr ausreichend Schmierstoff – vor allem im Leerlauf und bei niedrigen Drehzahlen." Für zuverlässige Schmierung haben die Hamburger eine probate Lösung im Angebot: „Abhilfe schafft eine taugliche Vierventil-Pumpe, etwa von Morgo." Achtung, bei den Ölanschlüssen können vor und Rücklauf-Schläuche leicht vertauscht werden – mit fatalen Folgen.

Da der Triumph-Twin ein ausgesprochener Langhuber ist und mit entsprechen hohen Kolbengeschwindigkeiten arbeitet, müssen die strapazierten Kolben von Zeit zu Zeit ausgetauscht werden. Die normale Lebensdauer liegt bei rund 40.000 Kilometern.

Triumph-Twins verfügen über Aluminium-Pleuel. Beim Super-Gau können die Alu-Stangen abreißen und ihr Umfeld verwüsten – wenn auch nicht so stark, wie es Stahl-Pleuel tun würden. Die Ursache für Pleuelabrisse liegt meistens an einem Problem anderer Bauteile. Wenn etwa ein Kolbenbolzenlager zu eng gebohrt wurde oder ein Kolben klemmt, dann gibt das Pleuel früher oder später auf.

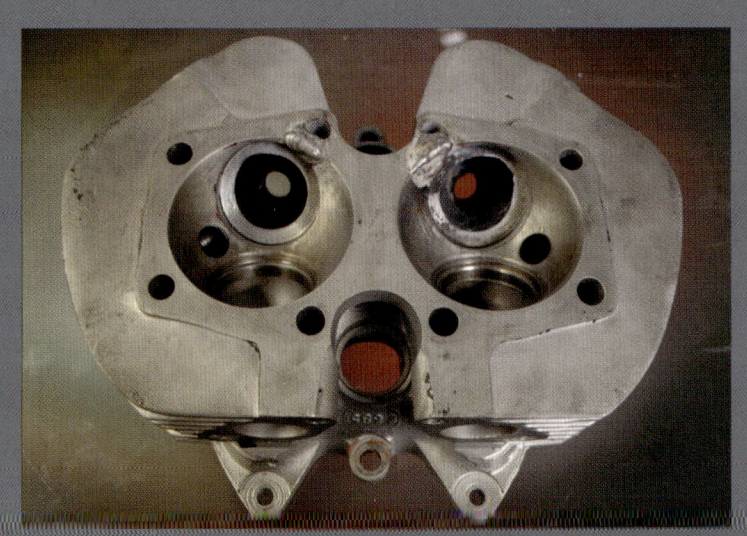

Eine Achillesferse ist die antike Kolbenölpumpe. Zubehör-Pumpen verbessern die Förderleistung

Der Abriss eines Aluminium-Pleuels sorgt in den meisten Fällen für Verwüstung größeren Umfangs

Zwischen Auslassventil und Befestigungsbohrung gerissene Zylinderköpfe müssen nicht getauscht werden, schweißen ist möglich

Die Schlammbüchse der Kurbelwelle muss dringend bei jeder Motorrevision gereinigt werden, da sie als Ölfilterung dient und sich Schmutzpartikel in dem Sackloch anlagern. „Eine sinnvolle Verbesserung ist der Austausch der originalen Verschlussschraube mit simplem Schlitz gegen eine mit Innensechskant", zeigt Beckmann auf die Kurbelwelle mit den stämmigen Ausgleichsgewichten.

Undichtigkeiten an den Stößelrohren resultieren meist aus der Verwendung falscher Gummidichtringe. Da es für die verschiedenen Modelle unzählige Varianten der O-Ringe gibt – dicke, dünne, eckige, runde, rote, weiße, schwarze – funktioniert sauberes Abdichten der Stößelrohre oft nur mit großer Erfahrung. Bei unvorsichtiger Montage können zudem die Ecken der Stößelblöcke ausbrechen. Vor allem bei mehrfach geplanten Zylinderköpfen gelten Alu-Stößelrohre als taugliche Alternative, da diese individuell in der Länge angepasst werden können. Die Motorentlüftung führt bei einigen Modellen über drei kleine Löchlein in den Primärkasten. Im Stand sickert das Öl – vor allem bei verschlissener Ölpumpe – durch die Bohrungen und sorgt für die typische Ölmarkierung. „Bei uns ist ein Umbau auf eine geänderte Gehäuseentlüftung möglich", so Beckmann. Das Abdichten der Motoren ist also ein klarer Fall für Spezialisten. Etwas weniger anfällig für Undichtigkeiten sind zudem die späteren Unit-Motoren, deren Motor und Getriebe im Gehäuse fest miteinander verbunden sind. Die älteren Pre-Units weisen weitere Fehlerquellen bei der Ölabdichtung auf.

Triumph hat die Befestigung der Zylinderköpfe nach und nach verbessert. Genügten frühen Twins acht Bolzen so verfügten die späten T 140 über zehn Verschraubungen – zwei zusätzliche Bolzen zwischen den Brennräumen. Der schmale Steg zwischen Auslassventilen und vorderer Befestigung ist rissgefährdet, wenn der Motor zu heiß wird. Wer den Kopf dann nicht erneuern will, kann die Problemzone beim Fachmann schweißen lassen.

Vergaser

Der englische Hersteller hatte von fast allen Baureihen eine Ein- und eine Zweivergaser-Version im Programm. Bei Oldtimer gerechter Fahrweise bringen die sportlicheren Zweivergaser-Modelle keine wirklichen Vorteile. Die Leistungsentfaltung unterscheidet sich kaum, und die beiden Vergaser müssen von Zeit zu Zeit synchronisiert werden. Dazu Beckmann: „Nur bei hohen Drehzahlen haben Bonnevilles oder Daytonas mehr Schmalz." Einen wirklich guten Ruf haben die original verbauten Amal-Vergaser zudem nicht. Zu schnell klappern die Schieber aus, zu häufig ist die Schwimmerkammer inkontinent. „Völliger Blödsinn", erklärt Niemeyer, „als Alltagsvergaser laufen die Amal absolut problemlos und sind einfach abzustimmen. Alle paar Jahre müssen die Vergaser halt erneuert werden. Aber schließlich sind sie ja sehr preiswert." Mikuni-Vergaser bringen mehr Leistung und sind langlebiger, aber aufwändiger abzustimmen. Als erste Wahl gelten sie daher vor allem für Hochleistungs- und Rennfahrzeuge.

Kraftübertragung

Die Vier- und Fünfgang-Getriebe arbeiten grundsätzlich problemlos. Regelmäßige Ölwechsel und -kontrolle vorausgesetzt, halten die Schaltboxen zehntausende von Kilometern ohne Probleme. Wellen und Lager können bei eingebautem Triebwerk ausgebaut bzw. erneuert werden, was den Reparaturaufwand erheblich vereinfacht. Im Getriebe und im Kupplungskorb befinden sich Wälzlager mit losen Nadeln. Diese müssen bei einer Revision sorgfältig zusammengesetzt und gegebenenfalls erneuert werden. Der Kupplungskorb der Mehrscheiben-Ölbadkupplung kann an der Flanken einlaufen und nach tausenden von Kilometern starke Laufspuren aufweisen, wodurch sauberes Einkuppeln nicht mehr möglich ist. Der öfter praktizierte Umbau der serienmäßigen Fünfscheiben auf eine Siebenscheiben-Kupplung bringt laut Single and Twin nicht wirklich viel. „Vor allem bei getunten Motoren bietet sich allerdings der Umbau auf eine Zubehör Trockenkupplung an, die locker bis über 70 PS übertragen kann", sagt Jörg Niemeyer und zeigt uns ein leichtes Aftermarket-Teil von NEB. Auch der Umbau auf einen Primärbelt ist bei Verwendung einer Trockenkupplung beliebt. „Bob Newby bietet einen entsprechenden Satz an. Allerdings ist der Primärbelt eine echte Glaubensfrage", grinst Niemeyer, „einerseits gibt es kein Ölgepansche mehr, andererseits kann der Zahnriemen unterwegs auch mal reißen."

Übrigens sind nicht immer alle Zubehör-Teile sofort verfügbar. Zwar ist die Ersatzteilsituation entspannt, und die Preise für Verschleißteile sind erstaunlich niedrig, jedoch entwickeln und fertigen die kleinen englischen Betriebe oftmals nach Lust und Laune. So kommt es vor, dass manche als gut geltende Kolben nicht mehr hergestellt, Tuning-Kupplungen bisweilen durch Nachfolgemodelle ersetzt werden, oder ganze Kleinbetriebe die Fertigung von Parts plötzlich einstellen.

Elektrik

Um sich ständige Einstellungsarbeiten an der Kontaktzündanlage zu ersparen, empfiehlt sich der Umbau auf eine elektronische Zündung von Boyer Bransden oder Pazon. Die Anlagen laufen zuverlässig und sorgen einmal eingestellt über Jahre für einen präzisen Funken. „Die elektronische Lucas Rita-Zündung braucht sehr viel Strom. Bei nicht vollständig gefüllter Batterie

Gegen die weit verbreiteten Ölundichtigkeiten helfen Know How, penibler Zusammenbau und die richtigen Materialien

Verschiedene Dichtringe für die unterschiedlichen Stößelrohre machen die Montage zur Sache für den Fachmann

Ein nachgerüsteter Ölfilter verlängert Ölwechselintervalle und Lebensdauer der klassischen Twins

Mit neuen Innereien kann die alte „Blechgabel" überholt werden

Ein Fall für Spezialisten ist die Federnabe der alten Starrrahmen-Typen. Leider sind nicht mehr alle Ersatzteile lieferbar (o.) Die korrekten Buchsen und Scheiben zur Vibrationshemmung am Lenker verbessern die Lenkpräzision (u.)

springt das Motorrad nicht mehr an", warnt Beckmann. Da die Lucas-Lichtmaschine in Verbindung mit der Zener-Diode tagelanges Fahren mit Licht – vor allem in der Stadt – mit einer entleerten Batterie bestraft, bietet sich hier der Umbau auf einen Lima-Kit mit Regler – etwa von Sparx – an. Wenn dann noch der Kabelbaum unbeschädigt ist, steigert sich durch Umsetzung dieser beiden Maßnahmen die Alltagstauglichkeit enorm.

Fahrwerk

Die vorderen Simplex-Trommelbremsen der Modelle bis 1967 sind für heutige Verhältnisse schlapp und verlangen nach umsichtiger Fahrweise. Besser können das die Duplex-Trommeln bis Baujahr 1970. Sie gelten als leistungsstark und sind in der Szene beliebt. Konischen Trommeln der Nachfolgemodelle wird nachgesagt, sie seien schwachbrüstig und den Fahrleistungen der 750er Twins nicht gewachsen. Tatsächlich sind die konischen Bremsen jedoch viel besser als ihr Ruf – gemessen an vergleichbaren Bremsen jener Epoche.

Ein typischer Schwachpunkt sind Vibrationsschäden aller Art

Bis 1970 zur Einführung der OIF-Modelle wurde bei Triumph eine altmodische Blechgabel verbaut. Die danach eingesetzte Aluminium-Telegabel mit verchromten Standrohren ist in allen Belangen besser als ihr antiker Vorläufer, der schwerer und verwindungsfreudiger ist. Niemeyer: „Bei Sportumbauten empfehlen wir dringend den Umbau auf eine Alugabel." Ein typischer Schwachpunkt der Paralleltwins sind Vibrationsschäden. Gerissene Schutzbleche, Öltanks und zerstörte magnetische Smith-Tachos können bei allen Modellen vorkommen.

Ein Alleinstellungsmerkmal einiger früher Triumph-Twins ist die Spring Hub, eine Federnabe, die die Federung des Hinterrades übernehmen soll. Dies funktioniert in der Praxis leidlich und mit minimalen Federwegen, ist also ein echter Fall für Spezialisten. Zudem sind die untertellergroßen Radlager mit schmalem Außenring nicht mehr ohne Weiteres erhältlich, was eine eventuell notwendige Reparatur der antiken Technik erschwert.

Bleibt festzuhalten, dass ein klassischer Meriden-Twin artgerecht bewegt und gepflegt werden will. Vor allem, wenn einige Details optimiert werden, vermittelt er jede Menge Fahrspaß und bietet abseits der Autobahn noch heute Fahrleistungen, die zu mehr als zum lockerem Mitschwimmen im Verkehr ausreichen.

Bonnie mit Biss

Bei der Alltagstauglichkeit weisen die modernen Triumph-Twins kaum Schwächen auf. Aber ein wenig mehr Leistung und Drehmoment – das hat doch noch nie geschadet

Die Einspritz-Modelle ab 2007 werden am Rechner neu abgestimmt

Eine gründliche Bearbeitung des Zylinderkopfs bringt bei den Retro-Twins jede Menge. Links im Bild polierte Kanäle und optimierter Brennraum, rechts original belassen (o.)

Verschiedene Nockenwellen für individuelle Motorcharakteristik

Von Anfang an erarbeiteten sich die Hinckley-Triumphs den Ruf ausgesprochener Zuverlässigkeit. Auch bei der Leistungsentfaltung der Dreizylinder blieben kaum Fragen offen. Als jedoch die Modelle Bonneville, Thruxton, Scrambler, America etc. auf dem Markt kamen, wurde schnell der Wunsch nach mehr Leistung und einer lebendigeren Kraftentfaltung ausgesprochen. Aufgrund strenger Abgas- und Geräuschgrenzwerte sowie aus Kostengründen bei der Produktion schöpfen die Twins nicht annähernd das in ihnen schlummernde Potenzial aus. So sind die Twins dankbare Objekte für nachträgliche Tuningmaßnahmen. Bei Q-Bike in Hamburg hat man sich auf die Optimierung der Zweizylinder spezialisiert und bietet eine umfangreiche Palette von Maßnahmen an. Dabei lassen sich die Motoren je nach Kundenwunsch konfigurieren – von der „Plug-In"-Lösung mit verändertem Mapping über eine Abstimmung mit viel Dampf aus dem Drehzahlkeller bis zum „vollen Programm" mit einer Höchstleistung von bis zu 100 PS. Bei vielen Maßnahmen sollte jedoch bedacht werden, dass der legale Betrieb auf öffentlichen Straßen nicht möglich ist, bzw. zuvor eine Abnahme durch den TÜV erfolgen muss. Die Zuverlässigkeit der soliden Motoren leidet jedoch nicht unter den Eingriffen, wenn sie professionell durchgeführt werden – im Gegenteil, manche Bauteile halten sogar länger, weil sie in einer gesünderen Umgebung arbeiten können.

Gemischaufbereitung

Grundsätzlich laufen alle Modelle zu mager, egal ob mit Vergaser oder EFI (Einspritzung). Daher kann als erste leistungs- und drehmomentsteigernde Maßnahme der Motor mit optimalem Gemisch versorgt werden. Classicbike Raisch, Dynojet oder Mecatwin bieten Vergaserkits mit Nadeln, Düsen und Federn, die dem Motor vor allem in der wichtigen Drehzahlmitte zu wesentlich mehr Pfeffer verhelfen. Die Umrüstung auf Keihin-Schiebervergaser der Reihe CR oder FCR oder Mikini-Flachschieber-Vergaser bietet sich als Maßnahme zum Erzielen optimaler Höchstleistung an.

Für EFI-Twins verwendet Q-Bike einen Power-Commander3. Auf diese kleine Box wird das passende Mapping aufgespielt, und schon steigen Drehmoment und Leistung vor allem im Teillastbereich spürbar an. Wer noch mehr Leistung will, kann die originalen Drosselklappenkörper auf bis zu 39,1 mm aufspindeln und passende Drosselklappen anfertigen lassen. Praktisch für die Feinabstimmung auch der Vergaser-Versionen ist die Installation eines Breitbandcommanders, mit dem sich das Gemisch über eine Lambdasonde kontrollieren lässt. Für volle Zugriffsmöglichkeit auf die Einspritzelektronik und die Zündverstellung kann statt des Power Commanders ein Tuneboy/

TuneEdit verwendet werden, bei dessen Programmierung allerdings Fachwissen vorausgesetzt wird. Im Grunde ist die Umprogrammierung also nichts anderes als Chiptuning, wie es aus dem Autobereich bekannt ist.

Auf der Ansaugseite gibt es eine Engstelle zur Reduzierung der Geräusche, die sogenannte Restriktorplatte. Nach dem Absenken des Luftfilterkastens kann diese Entfernt werden. Vergaser und EFI müssen dringend darauf abgestimmt werden. Ein vergrößertes Airbox-Volumen bringt weitere Vorteile. Auch die Ansaugstutzen, die in zwei Längen erhältlich sind, und die Ansaugtrichter an den Vergasern bzw. Einspritzleisten, die in den Luftfilterkasten münden, haben Einfluss auf die Leistungsentfaltung der Motoren. 50 oder 70 mm lange Trichter von Mikuni bieten hier die Möglichkeit der Einflussnahme. Bis zu 80 PS und eine fülligere Leistungskurve erreicht Twin-Spezialist Andreas Mecke von Q-Bike bereits mit relativ einfachen Maßnahmen.

Zylinderköpfe

Um dem einströmenden Gemisch geringeren Widerstand zu bieten, können die Einlasskanäle bearbeitet werden. In der Werkstatt von Q-Bike werden dann mit Fräsköpfen und Lamellenschleifstiften sämtliche Kanten verrundet, es müssen Grate weichen, der Tiersteg zwischen den Ventilen wird umgeformt und Innen- wie Außenradius am Ventilsitzringbereich erhalten eine neue Kontur. Der Auslasskanal macht weniger Arbeit, lediglich ein paar Dellen und Grate müssen entfernt werden. Nach der groben Bearbeitung wird die Oberfläche mühevoll verschliffen. Auf Wunsch kann auch die Ventilführung soweit gekürzt werden, dass sie nicht mehr strömungsungünstig in den Kanal ragt, was jedoch eventuell zu einer höheren thermischen Belastung des Auslassventils führt. Auch können die Ventilsitze auf den maximal möglichen Durchmesser aufgespindelt werden, da sie werksseitig noch einiges an Futter bieten – ein- und auslassseitig wird jeweils ein ganzer Millimeter im Durchmesser verschenkt.

Der Brennraum der Zweizylinder-Motoren bietet bereits gute Voraussetzungen für eine hohe Leistungsausbeute. Andreas Mecke bearbeitet lediglich die Quetschkanten und poliert den

> **Der Brennraum der Zweizylinder-Motoren bietet beste Voraussetzungen für eine hohe Leistungsausbeute**

Zwischenrad zur Einstellung der Steuerzeiten (oben) Kolben und Buchsen von Wiseco verhelfen dem Twin zu 904 ccm und einer höheren Verdichtung (unten)

Mit Hilfe verschieden langer Ansaugstutzen und Trichter erfolgt die Feinabstimmung

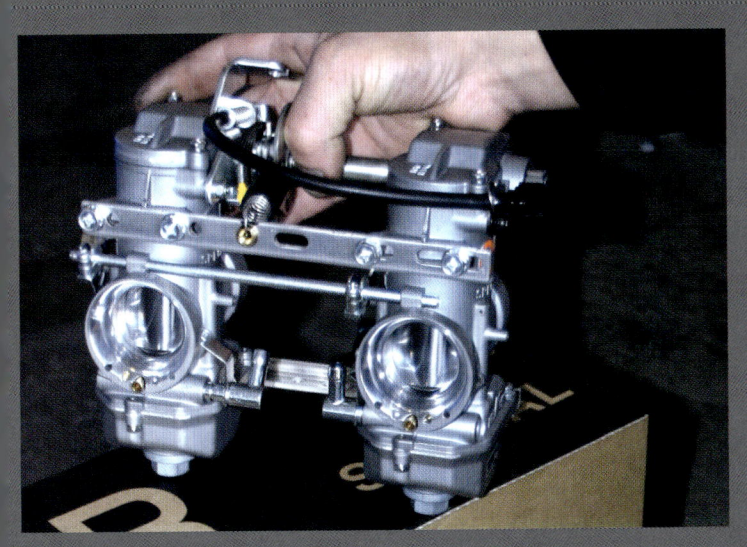

Vergaser-Modelle lassen sich mit Keihin-CR oder -FCR-Gasfabriken oder Mikuni-Flachschiebern auf Spur bringen (o.). Die Restriktorplatte verengt den Ansaugkanal. Raus damit! (u.)

Ein Kettenrad mit mehr Zähnen sorgt für ungeahnte Lebendigkeit

gesamten Brennraum auf Spiegelglanz. Serienmäßig verfügen die Motoren über ein zahmes Verdichtungsverhältnis von 9,2:1. Problemlos lässt sich ein Verhältnis von etwa 10,5:1 einstellen, indem der Kopf entsprechend geplant und damit der Verdichtungsraum verringert wird. Dazu kann die Fußdichtung und die unbeschichtete Lage der mehrteiligen Kopfdichtung weggelassen werden. Unbedingt sollten dann jedoch die Steuerzeiten neu eingestellt werden. Dazu kann das Zwischenzahnrad gegenüber der Steuerkette und den Nockenwellen versetzt werden, zwei Zähne bedeuten zum Beispiel sechs Grad mehr Frühzündung. Die unterschiedlichen Nockenprofile der verschiedenen Triumph-Modelle lassen sich außerdem zur gewünschten Motorcharakteristik untereinander tauschen: 790 ccm Bonneville-Nocken bringen viel Spitzenleistung bei relativ geringem Drehmoment in der Mitte, zwei 790 ccm-Einlass-Nockenwellen steigern die Drehzahlgier noch weiter. 865 ccm-Paralleltwin-Nocken heben das Drehmoment in der Drehzahlmitte. Bei den 270°-Twins (z.B. America, Scrambler) haben die Scrambler-Nocken die zahmsten Steuerzeiten und bringen damit den sattesten Schub von unten.

Hubraum und Schwungmasse

Eine Leistungssteigerung über die gesamte Drehzahlleiter bringt eine Hubraumvergrößerung, etwa der 904 ccm-Kit von Wiseco für die 865 ccm-Twins. Die Spitzenleistung steigt um etwa fünf PS, auch das Drehmoment erhöht sich beträchtlich. Manche Auspuffanlagen sorgen für erhöhte Leistungsausbeute, eine kürzere Übersetzung macht die Retrobikes agiler – bis fünf Zähne mehr auf dem hinteren Kettenblatt können sinnvoll sein. Gesteigerte Drehfreude bringt zudem die Verringerung der Schwungmassen. Schon beim Abdrehen des Lichtmaschinenrotors entsteht ein Gewichtsvorteil von 700 Gramm.

Fahrwerk

Natürlich sind auch beim Fahrwerk unzählige Modifikationen denkbar. Beliebt ist eine Umrüstung auf 17 Zoll-Räder, Federbeine von Wilbers oder einen Gabelstabilisator. Beringer-Sechskolben-Zangen oder eine Doppelscheibenbremse im Vorderrad optimieren die serienmäßige 310 bzw. 320 mm-Anlage. Für den Anbau von zwei Scheiben muss jedoch eine neue Gabel eingebaut werden, was die Kosten in die Höhe treibt.

All diese Maßnahmen machen Bonneville, Thruxton, Scrambler und Co. zwar nicht zu konkurrenzfähigen Rennmotorrädern, steigern aber das Spaßpotenzial beträchtlich. Mit Köpfchen getunt werden die Retrobikes ihrer klassischen Optik zum Trotz zu spritzigen Landstraßenräubern.

Factory Two

Ein Rundgang durch das Triumph-Stammwerk in Hinckley

In den verkleideten Paletten befinden sich fertig produzierte Neumotorräder (li.) Bonneville auf dem Montageband (o.), Rocket-Motorgehäuse warten auf die Weiterverarbeitung (u.)

Heute wirkt sie klein. Die Sensation, die Anfang der 90er Jahre genau hier ausgelöst wurde, sieht man der rund 28.000 Quadratmeter großen Triumph Factory One kaum an. Nachdem John Bloor beschlossen hatte, Triumph als Motorradmarke weiterleben zu lassen, mussten neue Betriebsstätten her. Die veralteten Hallen in Meriden bei Birmingham waren nach der Liquidation der Marke 1983 abgerissen worden. Also ließ Bloor rund 50 km östlich von Meriden, im Gewerbegebiet des 43.000 Einwohner-Orts Hinckley, ein modernes Werk errichten. Als die Fabrik 1988 eröffnet wurde und 1990 die Produktion von Motorrädern in Hinckley begann, konnten hier jedoch gerade einmal 200 Motorgehäuse und Zylinderköpfe pro Woche produziert werden. Triumph betrieb die Fertigungsstraße in Factory One, bis am 15. März 2002 ein verheerender Brand die gesammten Produktionsanlagen zerstörte. Nach dem Wiederaufbau des Gebäudes entschied die Geschäftsleitung, hier ein Lager für Ersatzteile und Zubehör einzurichten und der Lackiererei ein geräumiges Zuhause zu geben. Das Hauptquartier inklusive der gesamten Produktion, der Entwicklungsabteilung und sämtlicher Büros hingegen sollte in eine neue Fabrik nur wenige hundert Meter weiter nordöstlich verlagert werden. Vier Mal so groß wie das ursprüngliche Werk wurde Factory Two geplant und bereits 1999 bezogen.

Viele der Arbeiter kommen trotz feuchten Wetters mit ihren Triumphs zur Arbeit

Unmittelbar vor dem Werksgelände der neuen Zentrale parken die Autos der rund 600 Mitarbeiter. Einige der Triumph-Werker sind trotz feuchten Wetters mit Motorrädern zur Arbeit gekommen, auf Triumphs. Unmittelbar neben den in Wellblech-Optik gehaltenen Hallen tuckern behäbig die Binnenschiffe auf dem Ashby Kanal vorbei, während ein Speed Triple-Testfahrer mit ungeduldiger Gashand am Werkstor wartet. Bereits die lichtdurchflutete Eingangshalle hinter dem großen Hauptportal strahlt die gleiche aufgeräumte und moderne Aura aus, die der nun folgende Rundgang durch die Produktionsstätte von Triumph ebenfalls vermittelt. Zunächst gelangt man in die Abteilung „Materials Handling", die das Teilelager, das Zwischenlager sowie den Versand fertiggestellter Bikes umfasst. Vor dem Besucher türmt sich eine neun Meter hohe Wand aus aufgestapelten Paletten mit 7500 Pappkartons von je 2,50 Meter Länge auf, die unzweifelhaft neue Triumph-Motorräder beinhalten. In zwei Schichten wird von hier aus die Produktion mit Teilen versorgt, ein Kanban-System stellt sicher, dass die Fertigungsstraßen niemals ohne Nachschub dastehen. Und tagtäglich verlassen Neubikes die Fabrik auf dem Weg zu den 730 Vertragshändlern auf der ganzen Welt. Ein massiger Stapler rollt mit einem verpackten Neubike vorbei. Folgt man ihm, gelangt man in die Nachbarhalle zu den „Machine Shops". In der ersten der beiden Maschinenhallen entstehen Kurbelgehäuse, Nockenwellen, Zylinderköpfe und andere Motorteile für verschiedene Modelle. Trotz der anspruchsvollen Aufgaben, die Facharbeiter und CNC-Maschinen zu bewältigen haben, geht es auch hier sehr sauber und noch nicht einmal besonders geräuschintensiv zu.

An mehreren Stellen befinden sich Qualitätskontrollen, etwa ein Dichtheits-Check an Köpfen und Motorgehäusen. Obere und untere Gehäusehälften werden als Paar bearbeitet, mit Barcode versehen und gemeinsam eingelagert. Auch die Kurbelwellen werden außergewöhnlich sorgsam gefertigt. Nach der Bearbeitung des Rohmaterials, der Wuchtung und dem Schneiden der Zahnräder werden die fertigen Wellen plasmanitriert, ein Prozess zur Oberflächenvergütung der bis zu 28 Stunden dauert.

In Factory Two entstehen sämtliche Motoren für alle Triumph-Motorräder

Weiter geht es zu den „Engine Lines". Auf der Fertigungsstraße für Motoren – in Factory 2 gibt es gleich zwei davon – entstehen sämtliche Motoren der Triumph-Bikes. Auf „Engine Line 1" schweben 1050er-Dreizylinder und 865-Twins langsam am Fließband entlang und werden von geübten Triumph-Werkern nach und nach komplettiert. 675er-Motoren, T16-Thunderbird-Twins und die gewaltigen 2,3 Liter Rocket-Triebwerke entstehen auf „Engine Line 2". Je weiter die hängenden Einzelteile am Fließband entlangwandern, desto mehr wachsen sie zu einem kompletten Triebwerk zusammen. Am Ende wird jeder fertige Motor zunächst mit einem Elektromotor durchgedreht, um verschiedene Parameter zu messen und zu kontrollieren. Anschließend folgt ein Lufttest, der eventuelle Undichtigkeiten offenbart. Nach dem Einbau der Motoren in ihr Chassis werden sie dann noch etwa 15 Minuten auf dem Prüfstand getestet. Die etwa 80 Arbeiter wechseln übrigens von Zeit zu Zeit die Fertigungsstraße. Alle 1,5 Minuten stellen sie ein Triebwerk fertig, bis zu 300 komplette Motorrad-Motoren können so jeden Tag entstehen.

Auf der „Chassis Line" können täglich 200 Motorräder entstehen, das heißt alle 2 Minuten und 25 Sekunden wächst aus Teilen ein fertiges Bike zusammen. Zunächst verschrauben die Spezialisten den Motor im Rahmen, es folgen Schwinge, Kabelbaum, Federelemente und Bremsen. Jetzt verlässt das Chassis die Montageböcke und wird hängend weitertransportiert. Gabel, vormontierte Räder, Lackteile und Betriebsflüssigkeiten vervollständigen das Puzzle zu einem fertigen Motorrad. Was die 75 hier beschäftigten Arbeiter leisten, nötigt Respekt ab. Denn alle Motorräder entstehen auf dem gleichen Fließband, was den Fertigungsprozess bei Triumph von dem der meisten anderen Motorradhersteller unterscheidet. Hier werden nicht etwa eine Charge Speed Triples und später Daytona 675 zusammengesetzt, sondern streng nach Order-Liste montiert – 675 nach Speed Triple nach Thunderbird … . Damit kann Triumph sehr flexibel auf Bestellungen oder Marktschwankungen reagieren und hat nur sehr geringe Fahrzeug-Lagerbestände.

Neben Factory One und Two betreibt Triumph drei Werke in Thailand

Nebenan befindet sich die „Rolling Road", wo Licht, Bremsen und Elektrik überprüft werden. Außerdem wird der Motor auf Betriebstemperatur gebracht, um auf dem Prüfstand die Motorleistung zu kontrollieren. Nach einem Ölwechsel und einem abschließenden Qualitätscheck wartet schon einer der großen Stapler: das fertige Motorrad kann nun verpackt, zwischengelagert und versendet werden.

Neben Factory One und Two betreibt Triumph drei weitere Werke, allesamt im Industriegebiet von Chonburi in Thailand, die eine Mitverantwortung für die schnelle Expansion der Marke tragen. Seit 2003 werden in der 20.000 Quadratmeter großen Factory Three Anbauteile und Zubehör produziert. Factory Four folgte 2006 mit 30.000 Quadratmetern. Hier in Chonburi entstehen Tanks, Verkleidungen und Lackierungen sowie eine Produktionsstraße für komplette Motorräder, deren Motoren aus Factory Two in Hinckley stammen. Ganz aktuell wurde in der Nachbarschaft Factory Five eröffnet. Hier werden Gehäuse gegossen und mit modernen CNC-Maschinen zu Motorteilen weiterverarbeitet.

Ohne Zweifel ist Triumph der Neuanfang nach 1991 perfekt gelungen. Die Marke ist zum erfolgreichen Weltkonzern aufgestiegen, was sie nicht zuletzt den hohen Qualitätsansprüchen an ihre Produkte zu verdanken hat.

Fertig bearbeitete Kurbelwellen (o.l.), Daytona 675 am Haken (o.), fertige Bikes im Shop von Factory Two (u.)

Huber-Verlag | Alle Produkte im Szeneshop erhältlich!

Das Harley-Magazin

Das Reise-Magazin

Das Biker-Magazin

Das Schrauber-Magazin

Das Motiv-Magazin

Das Auto-Magazin

Das Szene-Magazin

Das Rock'n'Roll-Magazin

VERSANDKOSTENFREI BESTELLBAR UNTER WWW.SZENESHOP.COM

COOK WILD-KOCHBÜCHER

je € 12,90

1. Cook Wild-Package
Die Biker-Kochbücher Cook Wild, Cook Wilder und Cook Wildest sind längst Kult. Mehr als 200 feurige Rezepte für die verschärfte Party – da bleibt kein Auge trocken. Im Package gibt's alle drei Bücher zusammen mit einer kostenlosen Cook Wild-Schürze (100% Baumwolle) – damit sofort klar ist, wer der Herr über Chilischoten und Knoblauchzehen ist!
Art.Nr: 704207 - Preis: 37,80 €

1.1. Cook Wild – Das Biker-Kochbuch
Hier wird nicht schonend gedünstet und cholesterinarm zubereitet – hier gibt's deftige Gaumenfreuden für den großen Hunger.
Hardcover, 80 Seiten | 230 x 227 mm
Art.Nr: 704140 - Preis: 12,90 €

1.2. Cook Wilder – Das Biker-Kochbuch
Cook Wilder macht Schluß mit diesen Vorurteilen. Klar, harte Jungs lieben es deftig, aber doch bitte mit Stil und Genuss.
Hardcover, 80 Seiten | 230 x 227 mm
Art.Nr: 704204 - Preis: 12,90 €

1.3. Cook Wildest – Das Biker-Kochbuch
Wir haben erneut die Flammen züngeln lassen und die besten Rezepte für krasse Gaumenfreunden zusammengestellt.
Hardcover, 88 Seiten | 230 x 227 mm
Art.Nr: 803923 - Preis: 12,90 €

1.4. Cook Wild – Schürze
100% Baumwolle, One Size fits all!
Art.Nr: 803125 - Preis: 7,90 €

€ 7,90

ALLE DREI KOCHBÜCHER MIT KOSTENLOSER SCHÜRZE IM PAKET 37,80 €

2. Die besten Motorrad-Umbauten
(Aktualisierte und erweiterte Neuauflage!)
Dieser fette Wälzer hat sich längst als das Standardwerk der Custom-Szene etabliert. Mehr als 1000 spektakuläre Custombikes in einem Buch. Alle Typen, alle Daten, alle Marken. Mit prächtigen Bildern und knackigen Texten. Geschäumtes Hardcover,
430 Seiten | 220 x 297 mm
Art.Nr: 704051

€ 24,90

Huber-Verlag | Alle Produkte im Szeneshop erhältlich!

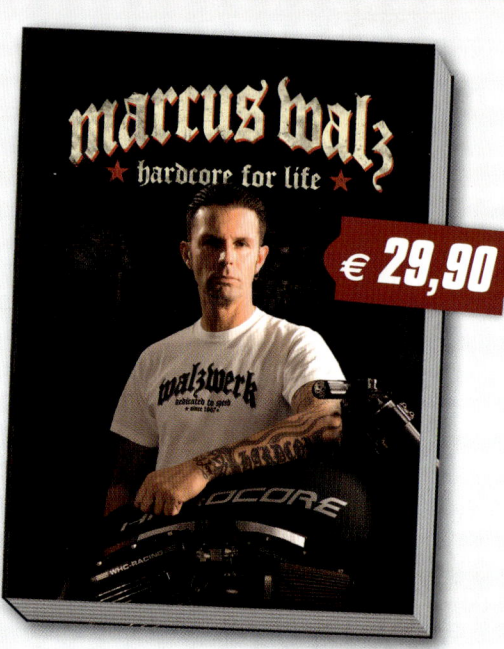

3. Dream-Machines – Die 100 spektakulärsten Umbauten

Auf mehr als 300 Seiten finden sich in diesem Buch die absoluten Topbikes der vergangenen Jahre. Ein hochwertig aufgemachtes Werk zum Träumen, Staunen und Niederknien.
Hardcover, 322 Seiten | 220 x 297 mm
Art.Nr: 704201

€ 21,90

4. Marcus Walz – Hardcore for Life

Diese umfassende Biographie des populärsten deutschen Customizers gibt neben weitreichenden Einblicken in sein Leben eine umfassende Übersicht über Technik und Design der spektakulären Walz-Bikes.
Hardcover, zweisprachig (deutsch/englisch), 224 Seiten | 220 x 297 mm
Art.Nr: 704210

€ 29,90

5. Oldschool Motorcycles – Technik, Historie, Szene

Dieses Buch ist ausschließlich dem „Way of Build and Drive" nach alter Schule gewidmet. Die über 40 gezeigten Bikes gleichen einer Zeitreise von den zwanziger Jahren über die Roaring Fifties bis hin zur Chopperkultur der 70er Jahre.
Hardcover, 198 Seiten | 220 x 297 mm
Art.Nr: 704163

€ 18,90

6. Marcus Pfeil – The Art of Custompainting

In diesem Buch finden sich die spektakulärsten Arbeiten von Marcus Pfeil, einem der erfolgreichsten Lackkünstler Europas. Überdies werden Grundlagen und Techniken von Airbrush, Custompainting und Pinstriping ausführlich beschrieben.
Hardcover, zweisprachig (deutsch/englisch), 160 Seiten | 220 x 297 mm
Art.Nr: 704205

€ 19,90

**7. Harley-Davidson Softail –
History, Modelle, Technik, Umbauten**

Dieses Buch zeigt die Entwicklung der Softail-Modelle – von der ersten Softail Standard des Jahres 1984 bis zu den jüngsten Ablegern Cross Bones und Rocker. Dazu gibt es Kapitel mit spektakulären Umbauten, Custom-Tipps, Evolution-Tuning und vielem mehr.
Hardcover, 232 Seiten | 230 x 227 mm
Art.Nr: 704264

**8. Buell Book –
History, Umbauten, Racing, Tuning**

Das „Buell Book" ist ein Streifzug durch die Geschichte der Buell-Motorräder. Es präsentiert die Meilensteine der Marke aus East Troy. Dazu gibt's spektakuläre Umbauten, Tuning-Tipps, Racing und vieles mehr.
Hardcover, 136 Seiten | 230 x 227 mm
Art.Nr: 704188

**9. Café Racer –
Von den Anfängen zum Superbike**

Die Entwicklung der klassischen Sportmaschine, die in unseren Tagen eine überraschende Wiederentdeckung erlebt, fasst dieses Buch zusammen. Es zeigt Motorräder, die Geschichte schrieben, ebenso wie erstmals veröffentlichtes Material.
Hardcover, 120 Seiten | 230 x 227 mm
Art.Nr: 704189

**10. Mythos Sportster –
History, Technik, Modelle, Umbauten**
(Aktualisierte und erweiterte Neuauflage!)

Dieses Buch erzählt die Geschichte von Harleys Sportster-Modellen, beleuchtet Technik und Modellvarianten von damals und heute, gibt Tipps für Umbau und Tuning und zeigt die spektakulärsten Sportster-Umbauten der Welt.
Hardcover, 160 Seiten | 230 x 227 mm
Art.Nr: 704271

€ 18,90

€ 14,90

€ 17,90

€ 16,90

BESTELLHOTLINE
(0621) 483 61-4700

www.szeneshop.com

Alle Preise in Euro inkl. gesetzlicher MwSt. zzgl. Versandkosten. Irrtümer und Druckfehler vorbehalten.

Autoren:
Carsten Heil, Katharina Klimpke, Dirk Mangartz

Fotos:
Michael Baetig, Dirk Behlau, Heinrich Christmann, Cinetext-Bildarchiv, Zack Coffman,
Benjamin Grna, Carsten Heil, Horst Heiler, Guntram Jordan, Jens Kraus, Frank Luger,
Siwer Ohlsson, Horst Rösler, Volker Rost, Winnie Scheibe, Stephan H. Schneider,
Erik Stigsson, Ivo Tschumi, Triumph Motorcycle LTD., Sabine Welte, Dennis Witschel

Weitere Textbeiträge:
Jens Müller, Hendrik Sloot, Stephan H. Schneider

Produktionsleitung:
Michael Kadel

Layout/Produktion:
Carsten Heil, Michael Kadel

Gesamtherstellung:
Huber Verlag GmbH & Co KG, Mannheim

Wir danken der Triumph Motorcycles LTD., den Firmen Single&Twin und Q-Bike
und allen Customizern, die uns mit Bildmaterial und Informationen versorgt haben,
für die freundliche Unterstützung

Alle Rechte vorbehalten

1. Auflage Oktober 2010

ISBN 13: 978-3-927896-34-5

© Huber Verlag GmbH & Co KG, Mannheim

www.huber-verlag.de